Die bereicherungsrechtliche Rückabwicklung gesetzes- oder sittenwidriger Verträge

Europäische Hochschulschriften
Publications Universitaires Européennes
European University Studies

Reihe II
Rechtswissenschaft

Série II Series II
Droit
Law

Bd./Vol. 4050

PETER LANG
Frankfurt am Main · Berlin · Bern · Bruxelles · New York · Oxford · Wien

Jeannette Wambach

Die bereicherungsrechtliche Rückabwicklung gesetzes- oder sittenwidriger Verträge

PETER LANG
Europäischer Verlag der Wissenschaften

Bibliografische Information Der Deutschen Bibliothek
Die Deutsche Bibliothek verzeichnet diese Publikation in der
Deutschen Nationalbibliografie; detaillierte bibliografische
Daten sind im Internet über <http://dnb.ddb.de> abrufbar.

Zugl.: Mainz, Univ., Diss., 2004

Gedruckt auf alterungsbeständigem,
säurefreiem Papier.

D 77
ISSN 0531-7312
ISBN 3-631-52692-X
© Peter Lang GmbH
Europäischer Verlag der Wissenschaften
Frankfurt am Main 2004
Alle Rechte vorbehalten.

Das Werk einschließlich aller seiner Teile ist urheberrechtlich
geschützt. Jede Verwertung außerhalb der engen Grenzen des
Urheberrechtsgesetzes ist ohne Zustimmung des Verlages
unzulässig und strafbar. Das gilt insbesondere für
Vervielfältigungen, Übersetzungen, Mikroverfilmungen und die
Einspeicherung und Verarbeitung in elektronischen Systemen.

Printed in Germany 1 2 3 4 5   7

www.peterlang.de

*Meiner Familie
und meinen Freunden*

Vorwort

Die vorliegende Untersuchung wurde im Wintersemester 2003/2004 von dem Fachbereich Rechts- und Wirtschaftswissenschaften der Johannes Gutenberg-Universität Mainz als Dissertation angenommen. Die mündliche Prüfung fand am 3. Februar 2004 statt.

Herr Professor Dr. Walther Hadding hat diese Untersuchung angeregt und betreut. Danken möchte ich ihm für seine wertvollen Hinweise, vor allem aber für die große Unterstützung während meiner gesamten juristischen Ausbildung, angefangen von der Einführungsveranstaltung für Juristen über die ersten Vorlesungen zum Allgemeinen Teil des Bürgerlichen Gesetzbuches bis zur letzten „großen" mündlichen Prüfung, dem Rigorosum. Er hat mich über die fachliche Betreuung hinaus maßgeblich auch bei der Vorbereitung meines Studiums in der Schweiz unterstützt. Die Untersuchung entstand zwischen 2001 und 2003. Herzlich danken möchte ich ihm insbesondere für diese schöne und lehrreiche Zeit als seine Mitarbeiterin und Promovendin.

Herrn Professor Dr. C. W. Hergenröder danke ich für die überaus zügige Erstattung des Zweitgutachtens.

Rat und Hilfe wurde mir von zwei Freunden zuteil. Aline Rodde setzte mit ihren Fragen zum Fortgang der Untersuchung die nötigen Motivationspunkte und vieles mehr. Christine Schüler stand mir immer in kurzer Zeit unbefangen als Diskussionspartnerin mit Rat und Informationen zur Seite.

Ohne die großzügige Unterstützung meiner Eltern wäre das Gelingen der Untersuchung nicht möglich gewesen. Danke.

Frankfurt, im Juli 2004   *Jeannette Wambach*

Inhaltsverzeichnis

1. Teil

Geschichtliche Grundlage und Anwendungsgebiete der Kondiktion wegen verwerflichen Empfangs (§ 817 Satz 1 BGB)

I. Entwicklung der Problematik   1

    1. Gesetzliche Ausgangslage als Anlass zu Fragen   1

       a) Der Verstoß gegen ein gesetzliches Verbot   3

           aa) Rückforderungsverbot oder Wertersatz für verbotswidrige Leistung?   3

           bb) Bereicherungsausgleich trotz Rückforderungsverbot oder keine Perpetuierung des verbotswidrigen Zustands?   4

       b) Der Verstoß gegen die guten Sitten   5

    2. Einschränkungslehren   8

       a) Lösungsvorschlag von Philipp Heck   9

       b) Verbotswidrigkeit nur der „Annahme"   10

       c) Differenzierungen in der Reichweite des § 817 Satz 2 BGB   11

II. Entstehungsgeschichte der Kondiktion wegen verwerflichen Empfangs   11

    1. Leistung um eines künftigen Erfolges willen   12

       a) Preußisches Allgemeines Landrecht   12

	b) Partikularrechtliche Entwürfe	13
	c) Regelungsentwurf der I. Kommission	14
2.	Regelungsentwurf der II. Kommission aufgrund des Gegenentwurfs von Otto v. Gierke	17
	a) „Zweck"erreichung als rechtlicher Grund einer jeden Leistung	19
	b) Zweckerreichung als Teilelement des Begriffs der Leistung	21

III. Abgrenzungsfragen   22

    1. Abgrenzung des § 817 Satz 1 BGB zur condictio ob rem (§ 812 Abs.1 Satz 2 Fall 2 BGB)   22

    2. Abgrenzung des § 817 Satz 1 BGB zur condictio Indebiti (§ 812 Abs.1 Satz 1 Fall 1 BGB)   24

       a) Forderung und rechtlicher Grund   24

       b) Rechtlicher Grund nach Berthold Kupisch   27

IV. Ergebnis   28

V. Interpretation des § 817 Satz 1 in Rechtsprechung und Literatur   29

    1. Der Verstoß durch die „Annahme" bei Vollzug der Leistung trotz Gültigkeit des Grundgeschäfts (RGZ 95,345 ff.)   29

       a) These Heinrich Honsell´s   30

       b) Sittenwidrigkeit von Rechtsgeschäften   33

           aa) Sittenwidriges Handeln beider Parteien   34

           bb)   Einseitig sittenwidriger Beweggrund nur des nur des Leistungsempfängers   34 cc) Sittlich-neutrale Handlungen, die nicht zum Gegenstand eines Geschäfts gemacht werden dürfen 35

dd) In der Person des Empfängers liegende Umstände, die zur Rückforderung berechtigen 36

c) Nichtigkeit von Rechtsgeschäften wegen Verstoßes gegen ein gesetzliches Verbot 41

aa) Adressat des gesetzlichen Verbots 41

bb) Normzweck des Verbotsgesetzes 42

2. Anwendungsbereich des § 817 Satz 1 BGB nach Heinrich Honsell 44

3. § 817 Satz 1 BGB in der Entwicklung des neueren Schrifttums 44

4. Eigene Stellungnahme 45

5. Zusammenfassung 46

2. Teil

Das Rückforderungsverbot des § 817 Satz 2 BGB

I. Wortlaut der Vorschrift als Anknüpfungspunkt 48

II. Ausdehnung des § 817 Satz 2 BGB auf alle Bereicherungsansprüche 49

III. Ratio legis des § 817 Satz 2 BGB 51

1. Strafcharakter als Sinn und Zweck der Vorschrift 51

2. Theorie der Rechtsschutzverweigerung 52

3. Beibehaltung der Besitzverhältnisse 53
    a) Gehalt der These 53
    b) Kritik 54
4. Generalprävention als tragender Grund 55
5. Rückkehr zu rechtstreuem Verhalten 55
    a) Rechtsprechung des Reichsgerichts und des Bundesgerichtshofs 55
    b) Fragwürdigkeit von „Privatstrafe" 56
    c) Stellungnahme 57
6. Rechtsbewährungsinteresse als sachlicher Grund 57
    a) Rechtsprechung des Bundesgerichtshofs 57
    b) Verzicht auf „Gerechtigkeit"? 58
    c) Folgerung 60
7. Stellungnahme und eigene Auffassung 60
    a) Empfängerverstoß 60
    b) Geberverstoß 61

IV. Anwendungsbereich des § 817 Satz 2 BGB nach Heinrich Honsell 62

V. Einschränkungen und Ausnahmen vom Rückforderungsverbot 63
1. Verstoß nur des Leistenden 63
    a) Berufliche Verstöße 63
    b) Darlehenswucher 69

c) Mietwucher	72
aa) Tendenz zur Teilreduktion	72
bb) Bereicherungsrechtliche Lösung	74
cc) Theorie der halbseitigen Nichtigkeit	75
2. Verstoß sowohl des Leistenden als auch des Leistungsempfängers	77
a) Einschränkung nach Treu und Glauben	77
b) Rückabwicklung anhand des Normzwecks oder der Aufrechterhaltung eines sittenwidrigen Zustands	80
V. § 817 Satz 2 BGB und die Vindikation	86
VI. Zusammenfassung	89
Literaturverzeichnis	91

Abkürzungsverzeichnis

a.A.	anderer Ansicht
Abs.	Absatz
abw.	abweichend
AcP	Archiv für die civilistische Praxis
a.E.	am Ende
a.F.	alte Fassung
AG	Amtsgericht
Alt.	Alternative
Anm.	Anmerkung
Aufl.	Auflage
AÜG	Arbeitnehmerüberlassungsgesetz
BB	Der Betriebs-Berater
Bd.	Band
BGB	Bürgerliches Gesetzbuch
BGH	Bundesgerichtshof
BGHZ	Entscheidungen des Bundesgerichtshofs in Zivilsachen
bzw.	beziehungsweise
DB	Der Betrieb
ders.	derselbe

d.h.	das heißt
Diss.	Dissertation
EnWG	Energiewirtschaftsgesetz
EWiR	Entscheidungen zum Wirtschaftsrecht
f., ff.	folgende
FamRZ	Zeitschrift für das gesamte Familienrecht
Festg.	Festgabe
Fn.	Fußnote
FS	Festschrift
ggf.	gegebenenfalls
GÜKG	Güterkraftverkehrsgesetz
i.V.m.	in Verbindung mit
JuS	Juristische Schulung
Kap.	Kapitel
KG	Kammergericht
krit.	kritisch
LG	Landgericht
LM	Lindenmaier-Möhring, Nachschlagewerk des Bundesgerichtshofs in Zivilsachen
MDR	Monatszeitschrift für Deutsches Recht
m.Nachw.	mit Nachweisen
m.w.Nachw.	mit weiteren Nachweisen

Nachw.	Nachweise
NWWissHG	Gesetz über die Hochschulen des Landes Nordrhein-Westfalen
n.F.	neue Fassung
NJW	Neue Juristische Wochenschrift
NJW-RR	NJW-Rechtsprechungs-Report Zivilrecht
Nr.	Nummer
OLG	Oberlandesgericht
Prot.	Protokolle
Rdnr.	Randnummer
RG	Reichsgericht
RGZ	Entscheidungen des Reichsgerichts in Zivilsache
S.	Satz, Seite
SchuldR	Recht der Schuldverhältnisse, Schuldrecht
SJZ	Süddeutsche Juristenzeitung
Sp.	Spalte
u.a.	und andere
v.a.	vor allem
vgl.	vergleiche
WM	Zeitschrift für Wirtschaft- und Bankrecht, Wertpapier-Mitteilungen Teil IV
z.B.	zum Beispiel

ZIP	Zeitschrift für Wirtschaftsrecht
zit.	zitiert
zust.	zustimmend

1. Teil

Geschichtliche Grundlage und Anwendungsgebiete der Kondiktion wegen verwerflichen Empfangs (§ 817 Satz 1 BGB)

I. Entwicklung der Problematik

1. Gesetzliche Ausgangslage als Anlass zu Fragen

Kaum ein Rechtsgebiet hat seit dem Inkrafttreten des Bürgerlichen Gesetzbuchs so wenig gesetzgeberische Änderungen erfahren, wie das Bereicherungsrecht, obwohl die heutigen Schwierigkeiten im Bereicherungsrecht eng mit Aufbau und Formulierung der §§ 812 bis 822 BGB verknüpft sind[1]. Das von König[2] im Jahr 1981 im Auftrag des Bundesjustizministers vorgelegte Gutachten, in dem er untersucht, ob es sich empfiehlt, das Bereicherungsrecht im Hinblick auf seine Weiterentwicklung in Rechtsprechung und Lehre durch den Gesetzgeber neu zu ordnen, bildet den Schlusspunkt einer Entwicklung, die durch den Gesetzgeber nicht aufgegriffen wurde. In den Vorarbeiten zu der am 1. Januar 2002 in Kraft getretenen Schuldrechtsreform finden sich keine Überlegungen, auch das Bereicherungsrecht gesetzlich neu zu ordnen. Dennoch ist das Bereicherungsrecht nach wie vor eine Quelle offener Fragen. Zu den umstrittensten Vorschriften der §§ 812 ff. BGB gehört dabei § 817 BGB. § 817 Satz 1 BGB lautet:

„War der Zweck einer Leistung in der Art bestimmt, dass der Empfänger durch die Annahme gegen ein gesetzliches Verbot oder gegen die guten Sitten verstoßen hat, so ist der Empfänger zur Herausgabe verpflichtet."

§ 817 Satz 1 BGB ist eine eigene Anspruchsgrundlage als Fall einer besonderen Leistungskondiktion. Sie wird ganz allgemein als „Kondiktion wegen verwerflichen Empfangs"[3] oder „Kondiktion wegen missbilligter Leistungsannahme"[4] bezeichnet.

---

[1] Die am 1. Januar 2002 in Kraft getretene Schuldrechtsreform beschränkt sich auf eine redaktionelle Anpassung des § 813 Abs.1 Satz 2 BGB durch Art. 1 SchuModG v. 26.11.2001 (BGBl. I S. 3138).

[2] König, Gutachten und Vorschläge zur Überarbeitung des Schuldrechts, Band II, 1981, S.1515

[3] Vgl. etwa *Reuter/Martinek* § 5 IV 1

[4] Vgl. etwa *Esser/Weyers* § 49 III; *Fikentscher*, SchuldR, § 99 I 6 Rdnr. 1111 ff.

Der schwierigere Teil des § 817 BGB ist jedoch der in Satz 2 normierte Rückforderungsausschluss. Er bestimmt:

"Die Rückforderung ist ausgeschlossen, wenn dem Leistenden gleichfalls ein solcher Verstoß zur Last fällt, es sei denn, dass die Leistung in der Eingehung einer Verbindlichkeit bestand; das zur Erfüllung einer solchen Verbindlichkeit Geleistete kann nicht zurückgefordert werden."

Mit § 817 Satz 2 BGB werden in der Literatur ganz verschiedene Paradigmen verknüpft: Von Walther Wilburg stammt die Bemerkung, § 817 Satz 2 BGB führe zu einer Art „Drehkrankheit des Rechtsempfindens"[5]. Dies ist eine Bemerkung, die immer wieder und gerne aufgegriffen wurde[6], um die Sinnhaftigkeit und damit die Notwendigkeit[7] der Norm im Regelungswerk des Bürgerlichen Gesetzbuchs in Frage zu stellen. Ausgangspunkt der sich um § 817 Satz 2 BGB rankenden Probleme ist dabei immer die Feststellung, dass die Rechtsprechung die Norm auf alle Bereicherungsansprüche ausdehnt, insbesondere auf die allgemeine Leistungskondiktion gemäß § 812 Abs.1 Satz 1 Fall 1 BGB[8]. Die allgemeine Leistungskondiktion nach § 812 Abs.1 Satz 1 Fall 1 BGB bestimmt ganz allgemein, dass Zuwendungen, die nach dem einverständlichen Willen des Leistenden und des Empfängers der Erfüllung einer vertraglichen oder gesetzlichen Verbindlichkeit dienen sollen, zurückzugewähren sind, wenn die Verbindlichkeit nicht besteht, nicht zustande kommt oder später wegfällt. Die allgemeine Leistungskondiktion erfasst damit auch die Fälle, in denen das Grundgeschäft neben einer Vielzahl weiterer Nichtigkeitsgründe wegen Gesetzes- oder Sittenverstoßes nach § 134 oder § 138 BGB nichtig ist. Das Nebeneinander von bereicherungsrechtlicher Generalklausel und § 817 Satz 1 BGB als eigenständiger Anspruchsgrundlage wegen verwerflichen Empfangs haben dabei dazu geführt, dass bis heute keine Klarheit über den Anwendungsbereich des § 817 Satz 1 BGB besteht.

Die damit aufgeworfene Frage hat aber auch weitreichende Bedeutung für § 817 Satz 2 BGB. Lässt man den Rückforderungsausschluss nur für die von § 817 Satz 1 BGB erfassten Fälle zu, wäre er durch den sich überschneidenden Kreis mit § 812 Abs. 1 Satz 1 Fall 1 BGB praktisch bedeutungslos. Befürwortet man daher die Ausdehnung des § 817 Satz 2 BGB auch auf die allgemeine

---

[5] *Wilburg*, Entwicklung eines beweglichen Systems im Bürgerlichen Recht, Rektoratsrede 1950, Graz 1951, S.11

[6] Vgl. *Harm Peter Westermann*, FS Quack, 1991, S.485; *Honsell*, FS Seiler, 1999, S.473

[7] So *Enneccerus/Lehmann* § 226 Ziff. 4; *Reeb* S.67

[8] St. Rspr. RG LZ 1922, 648; RGZ 63, 346, 354; 151, 70, 72; 161, 52, 55; BGHZ 8, 348, 371; 39, 87, 91; 44, 1, 6; 50, 90, 91

Leistungskondiktion nach § 812 Abs. 1 Satz 1 Fall 1 BGB[9] führt dies zu zwei Problemen, die erstmals Honsell[10] 1974 zusammenfasste.

a) Verstoß gegen ein gesetzliches Verbot

aa) Rückforderungsverbot oder Wertersatz für verbotswidrige Leistung?

Das erste Problem bilden die *einseitig erfüllten Verträge*, wenn beide Parteien verbots- oder sittenwidrig gehandelt haben. Leistet ein Vertragsteil vor, steht der dann an sich aus § 817 Satz 1 BGB oder § 812 Abs. 1 Satz 1 Fall 1 BGB gegebenen Leistungskondiktion der Rückforderungsausschluss nach § 817 Satz 2 BGB entgegen. Eine Erfüllungsklage scheitert an der Nichtigkeit des Vertrages (§§ 134, 138 BGB). Der Empfänger zieht dadurch einen ungerechtfertigten Gewinn allein aus dem zufällig-willkürlichen Umstand der Vorleistung und das geschieht, obwohl beide Parteien der Vorwurf gesetzes- oder sittenwidrigen Handelns trifft. Ein Beispiel soll dies verdeutlichen:

OLG Köln NJW-RR 1994, 1540[11]

In der Entscheidung des OLG Köln vom 14. 12.1993 hatte der erkennende Senat über das Rückzahlungsbegehren des Klägers zu entscheiden, der 60 000 DM für die Vermittlung einer Promotion an einer Schweizer Universität gezahlt hatte. Die Parteivereinbarung verstieß gegen § 141 IV 3 NWWissHG und war damit nach § 134 BGB nichtig. Das Gericht lehnte den auf § 812 Abs. 1 Satz 1 Fall 1 BGB gestützten Bereicherungsanspruch des Klägers unter Hinweis auf § 817 Satz 2 BGB ab, weil bei der Hingabe des Geldbetrages von 60 000 DM nicht nur der Beklagte, sondern auch der Kläger angesichts aller ihm bekannten Umstände gegen die guten Sitten verstoßen habe. Dass damit der Beklagte den durch nichts begründeten Vermögensvorteil von 60 000 DM behalten durfte, begründete das Gericht damit, dass der Kläger durch die einseitige Vorleistung ein zusätzliches Risiko auf sich genommen habe, das ihm nicht angesichts von Billigkeitserwägungen (§ 242 BGB) wieder abgenommen werden könne[12].

---

[9] So *Esser/Weyers* § 49 IV 2; *Koppensteiner/Kramer* § 7 IV 2 a; *Medicus*, BR, Rdnr. 696; Staudinger-*Lorenz* § 817 Rdnr. 10; *Larenz* II § 69 III b; *Fikentscher*, SchuldR, § 99 I 6 Rdnr. 1113; MünchKomm-*Lieb* § 817 Rdnr. 11

[10] *Honsell*, 1974, S.1, 2 und FS Seiler, 1999, S.473 ff.

[11] OLG Köln NJW-RR 1994, 1540 ff. = VersR 1995, 108 ff.; vgl. dazu auch die Entscheidungen BGH NJW-RR 1993, 1457 = WM 1993, 1765 und BGHZ 118, 182 („Kontakanzeige") = NJW 1992, 2557 = WM 1992, 1780 = ZIP 1992, 1242 = EWiR 1992, 1055: keine Ausnahme vom Rückforderungsverbot des § 817 Satz 2 BGB wegen § 242 BGB.

[12] OLG Köln NJW-RR 1994, S.1542

Entgegengesetzt entschied der Bundesgerichtshof im Jahr 1990 in der viel diskutierten Schwarzarbeiterentscheidung.

BGHZ 111, 308 ff. [13]

Mit Urteil vom 31. Mai 1990 hatte der Bundesgerichtshof darüber zu entscheiden, ob dem vorleistenden Schwarzarbeiter ein Wertersatzanspruch gegen seinen Auftraggeber zusteht. Der Bundesgerichtshof billigte dem Schwarzarbeiter einen Wertersatzanspruch zu, allerdings gemindert um den Wert, dass vertragliche Gewährleistungsansprüche wegen der Nichtigkeit des Vertrages nicht gegeben waren. Der Schwarzarbeiter könne im Wege des Bereicherungsausgleichs nicht mehr verlangen, als ihm – in nichtiger Weise – vertraglich versprochen worden sei. Der Bundesgerichtshof begründet seine Entscheidung damit, dass bei Anwendung des den Gläubiger hart treffenden Rückforderungsverbots des § 817 Satz 2 BGB nicht außer Betracht bleiben könne, welchen Zweck das in Frage stehende Verbotsgesetz verfolge. Der vom Gesetzgeber angestrebten generalpräventiven Wirkung sei mit dem Ausschluss vertraglicher Ansprüche, verbunden mit der Gefahr einer Strafverfolgung und der Nachzahlung von Steuern und Sozialabgaben bei Bekanntwerden der Schwarzarbeit Genüge getan. Andernfalls wäre es mit den Grundsätzen von Treu und Glauben nicht zu vereinbaren, wenn der (ebenfalls gegen das Gesetz verstoßende) Auftraggeber den rechtswidrig erlangten Vorteil unentgeltlich behalten könne.

bb) Bereicherungsausgleich trotz Rückforderungsverbot oder keine Perpetuierung des verbotswidrigen Zustands ?

Das zweite Problem im Zusammenhang mit der Anwendung des § 817 Satz 2 BGB auf die bereicherungsrechtliche Generalklausel bilden die *beiderseits schon erfüllten* verbots- oder sittenwidrigen Verträge. Ist beiderseits erfüllt, wird das vom Nichtigkeitsurteil betroffene Rechtsgeschäft durch den Rückforderungsausschluss rechtsbeständig gemacht, was dazu führt, dass der so geschaffene tatsächliche und dem Verbotszweck oder dem Moralempfinden widersprechende Zustand perpetuiert wird. Zum gleichen Ergebnis gelangt man im Fall des vorleistenden Schwarzarbeiters, wenn man ihm den Wertersatzanspruch zubilligt und so dem verbotswidrigen Rechtsgeschäft de facto zur Gültigkeit verhilft. Honsell[14] betont in diesem Zusammenhang, dass die Nichtigkeit, deren al-

---

[13] BGHZ 111, 308 ff. = NJW 1990, 2542 = WM 1990, 1669 = ZIP 1990, 1086
[14] *Honsell*, 1974, S.6

leiniger Zweck bei beiderseitiger Erfüllung die Kondiktion sei, andernfalls ohne Konsequenzen bleibe. Die §§ 134, 138 BGB würden insoweit praktisch bedeutungslos[15]. Jedenfalls im Ergebnis würden sie von § 817 Satz 2 BGB außer Kraft gesetzt. § 817 Satz 2 BGB laufe dem Verbotszweck zuwider. Zwischen §§ 134, 138 und § 817 Satz 2 BGB bestehe eine Gesetzesantinomie.

Aus diesem Grund ließ das Bundesarbeitsgericht in einer Entscheidung die Kondiktion entgegen § 817 Satz 2 BGB zu, die einen Ausbildungsvertrag betraf, der gegen § 5 Berufsausbildungsgesetz verstieß. Der Entscheidung lag folgender Sachverhalt zugrunde:

BAGE 39, 226 ff.[16]

In einem schriftlichen Berufsausbildungsvertrag einigten sich die Parteien darauf, dass der Kläger in einer Zeit von dreieinhalb Jahren zum Fernsehtechniker ausgebildet werden sollte. Zuvor hatte der Vater des Klägers dem Beklagten 4500 DM ausgehändigt, da der Beklagte den Abschluss des Ausbildungsvertrages von dieser Zahlung abhängig gemacht hatte. Das Ausbildungsverhältnis endete vorzeitig, nachdem der für die Ausbildung zuständige Meister vorzeitig beim Beklagten ausgeschieden war. Das Bundesarbeitsgericht führt dazu aus, dass nur die Verpflichtung zur Rückgewähr auch in den Fällen, in denen „das wirtschaftliche Leistungsvermögen eingesetzt werde, um einen Ausbildungsplatz zu erlangen, den Ausbilder veranlassen könne, die Annahme des Geldes zu unterlassen. In diesem Fall wäre es mit dem Zweck der Nichtigkeitsnorm unvereinbar, wenn über § 817 Satz 2 BGB die Vermögensverschiebung aufrecht erhalten bliebe".

b) Verstoß gegen die guten Sitten

War es hier wieder Sinn und Zweck des Verbotsgesetzes, der eine Begrenzung des § 817 Satz 2 BGB rechtfertigte, kann es auf Sinn und Zweck des Verbotsgesetzes dann nicht ankommen, wenn nach der bereicherungsrechtlichen Rückabwicklung bei einem Verstoß gegen die guten Sitten gefragt ist.

---

[15] aA v.a. *Dauner* JZ 1980, 595, 496: Den §§ 134, 138 BGB bleiben selbst im Fall eines weitreichenden Kondiktionsausschlusses die Aufgabe des Ausschlusses von Erfüllungsansprüchen; MünchKomm-*Lieb* § 817 Rdnr. 12; Rückabwicklung ist ergänzenden bereicherungsrechtlichen Überlegungen zugänglich, ohne dass damit die Funktion der Nichtigkeitsvorschriften stets tangiert zu werden braucht.

[16] BAGE 39, 226 ff. = NJW 1983, 783 ff. = BB 1983, 313 f. = FamRZ 1983, 269 f.

Für diesen Verstoß ist die Rechtsprechung zu den Wucherfällen (§ 138 Abs. 2 BGB) exemplarisch. In erster Linie geht es um die Rückabwicklung von gewährten Darlehen mit wucherischen Zinsen als Gegenleistung. Streng zu trennen ist dabei die Frage einer Vergütungs-, das heißt Zinszahlungspflicht des Bewucherten von der Frage der Rückzahlung der Darlehenssumme überhaupt.

RGZ 161, 52[17]

Mit Urteil vom 30. Juni 1939 entschied der V. Zivilsenat des Reichsgerichts über das Rückzahlungsbegehren des Darlehensgebers, dem der Darlehensnehmer den Einwand aus § 817 Satz 2 BGB entgegensetzte. In Abkehr von RGZ 151, 70 ff. arbeitete das Gericht heraus, welches die Leistung des Darlehenswucherers im Sinne von § 817 Satz 2 BGB ist, die er zum Zweck der Erzielung des Wuchergewinns macht. Im Synallagma stehen danach die Kapitalnutzung in ihrer zeitlichen Begrenzung und die Nutzungsvergütung für die Dauer der Geldhingabe. Nicht geleistet wird damit die Darlehenssumme selbst, die mit der Verpflichtung zur Rückerstattung, also nur zu zeitlich begrenzter Nutzung des darin steckenden Wertes überlassen worden ist. Für die Zeit, während der der Wucherer dem Bewucherten die Kapitalnutzung lassen muss, besteht kein Anspruch des Wucherers auf Zinsen oder sonstige Vergütungen, auch nicht auf Herausgabe gezogener Nutzungen nach §§ 812 Abs.1 Satz 1 Fall 1, 818 BGB.

Die Rechtsprechung belässt seitdem dem Bewucherten das Darlehen für die vertraglich vereinbarte Laufzeit, ohne dass der Bewucherte den Darlehenszins an den Wucherer zahlen muss. Die herrschende Ansicht in der Literatur[18] dagegen gibt dem Wucherer einen Anspruch auf den angemessenen oder sogar üblichen Zins.

Während es also dem Bewucherten erlaubt ist, die Darlehenssumme für die vertraglich vereinbarte Zeit zinslos zu behalten, hat der Pächter eines Bordellgrundstücks im Gegensatz dazu dieses schon vor Ablauf der vertraglich vereinbarten Zeit an den Verpächter herauszugeben.

---

[17] RGZ 161, 52, 58 unter Aufgabe der früheren Rechtsprechung (RGZ 151, 70 ff.); BGHZ 99, 333, 338

[18] Zuerst *Medicus*, Gedächtnisschrift für Dietz 1973, S.74 ff.; BR, Rdnr. 700; *Koppensteiner/Kramer* S.66; *König*, Ungerechtfertigte Bereicherung, S.137; *Esser/Weyers* § 49 IV 3, (S.461); *Reuter/Martinek*, § 6 V 2 a), S.217; Soergel-*Mühl* § 817 Rdnr.38; Staudinger-*Lorenz* § 817 Rdnr.12; Münch/Komm–*Lieb* § 817 Rdnr.17; *Larenz* II § 69 III b, S.562; ablehnend *Canaris*, FS Steindorff, 1990, S.519, 520 und *Larenz/Canaris* § 68 III 3 c; Palandt-*Sprau* § 817 Rdnr.23; *Tiedtke*, JZ 1987, S.853, 855

BGHZ 41, 341 ff

Mit Urteil vom 20. Mai 1964 hatte der Bundesgerichtshof über die Anwendung des § 817 Satz 2 BGB bei der Bordellpacht zu entscheiden, wo die auf § 985 BGB gestützte Klage des Verpächters auf sofortige Rückgabe durchdrang, weil „Leistung" nur die zeitweilige Gewährung der Nutzung des Grundstücks sei, so dass § 817 Satz 2 BGB nur der vorzeitigen Rückgabe des Grundstücks entgegenstünde. Dieses Ergebnis, so der Bundesgerichtshof, würde jedoch dem Zweck des § 138 BGB zuwiderlaufen, weil insoweit das nichtige Pachtverhältnis legalisiert würde, als der Pächter den Pachtgegenstand für die Pachtdauer zur Verfolgung seines sittenwidrigen Zwecks weiternutzen und darüber hinaus dies auch noch unentgeltlich tun könne, da einer Pachtzinsklage des Verpächters die Nichtigkeit des Pachtvertrages entgegenstünde. Im Widerstreit zwischen der rechtspolitisch problematischen und in ihrem Anwendungsbereich umstrittenen Vorschrift des § 817 Satz 2 BGB und der Generalklausel des § 138 BGB gebühre der letzteren der Vorrang[19].

Die aufgezeigten Widersprüche legen den Schluss nahe auf § 817 Satz 2 BGB gänzlich verzichten zu können und die Norm als rechtspolitisch verfehlt zu bezeichnen[20]. Sie führen dazu, dass keine einheitliche Vorstellung mehr vom Anwendungsbereich des Rückforderungsverbots besteht, die Norm vielmehr, um an die von Wilburg herangezogene Interpretation anzuknüpfen, zum „Karussellfahren" einlädt. Die vom Wortlaut her eindeutige Rechtsfolge „Die Rückforderung ist ausgeschlossen... " kann ohne Hinzuziehung eines juristischen Kommentars nicht mehr unbesehen auf einen Sachverhalt angewendet werden. Zur Problemlösung trägt auch nicht bei, dass bis heute keine einheitliche Auffassung über den Sinn und Zweck der Norm besteht. Die Meinungen zu Sinn und Zweck der Vorschrift unterliegen in der bisherigen Rechtsprechung und Lehre der gleichen Wechselgeschichte wie die Frage der Anwendung der Norm auf diesen oder jenen Sachverhalt.
Denkt man sie sich fort, steht man dagegen vor einem anderen Problem. Funktion der Nichtigkeit nach §§ 134, 138 BGB ist es in erster Linie vertragliche Erfüllungsansprüche auszuschließen. Eine Partei soll von der anderen nicht verlangen können, was gesetzlich verboten ist oder gegen die guten Sitten verstößt.

---

[19] BGHZ 41, 341, 344

[20] So *Enneccerus/Lehmann* § 226 Ziff.4; *Reeb* S. 67, als rechtpolitisch verfehlt bezeichnet von: *Erman/H.P.Westermann* § 817 Rdnr.10, *ders.* FS Seiler, 1999, S.458 ff.; Palandt-*Sprau* § 817 Rdnr.14; dagegen: *Siber*, Grundriß, S.432: „Die Norm ist gesund und notwendig; *ders.* SchuldR, S.431 f.; *Heck* AcP 124 (1925), S.64; *v. Caemmerer* SJZ 1950, S.646, 650; *Bufe* AcP 157 (1958/59), S.215, 256; aus der neueren Zeit v.a.: *Canaris*, FS Steindorff, 1990, S.519, 524 f.

Gäbe es die Norm des § 817 Satz 2 BGB nicht, würde in Fällen, in denen beide gegen ein gesetzliches Verbot oder die guten Sitten verstoßen haben, demjenigen, der vorleistet, auf dem Umweg über das Bereicherungsrecht doch eine Vergütung verschafft und damit ein Ausgleich gewährt. Ist andererseits die verbots- oder sittenwidrige Leistung noch nicht erbracht, würde über die Gefahr einer Wertkondiktion ein Zwang auf den Empfänger der Leistung ausgeübt, die geschuldete gesetzes- oder sittenwidrige Leistung doch noch zu erbringen. Diese Umgehung der Vorschriften der §§ 134, 138 BGB will aber gerade § 817 Satz 2 BGB verhindern. Die Vorschrift setzt auf bereicherungsrechtlicher Ebene fort, was die §§ 134, 138 BGB auf vertraglicher Ebene beginnen.

Dabei hat die Ausdehnung des § 817 Satz 2 BGB auf die allgemeine Leistungskondiktion nach § 812 Abs. 1 Satz 1 Fall 1 BGB zahlreiche Ausnahmen und Einschränkungen mit sich gebracht. Die Vorschrift stellt sich dar wie ein von Löchern durchzogener Schweizer Käse. Anknüpfend an die zwei sich grundsätzlich bietenden Möglichkeiten, vom Sinn und Zweck der Vorschrift oder ihrem Anwendungsbereich im systematischen Gesamtzusammenhang des Bürgerlichen Rechts auszugehen, soll mit der vorliegenden Untersuchung ein Überblick über den Stand der zu § 817 Satz 2 BGB vertretenen Meinungen vermittelt werden. Die sich um § 817 Satz 2 BGB rankenden Probleme können dabei nicht ohne Klarheit über die Funktion des Satzes 1 der Norm beantwortet werden. Das ergibt sich schon daraus, dass Wortlaut und systematische Stellung eine Beschränkung des Rückforderungsverbots auf Satz 1 der Vorschrift nahe legen. Um den Wirkungsbereich der dort geregelten besonderen Leistungskondiktion bestimmen zu können, ist es unerlässlich, auf die Entstehungsgeschichte des § 817 BGB mit seinen Sätzen 1 und 2 einzugehen. Darüber hinaus verfolgt die Untersuchung das Ziel, die zu § 817 BGB entschiedenen Fälle so vollständig wie möglich zusammenzutragen und einer systematischen Betrachtung zu unterziehen, um den Versuch zu unternehmen, einheitliche normative Grundlagen für die Ausnahmen vom Rückforderungsverbot des § 817 Satz 2 BGB zu erarbeiten.

2. Einschränkungslehren

Am striktesten ist die Auffassung, nach der das in § 817 Satz 2 BGB geregelte Rückforderungsverbot nur für die Fälle des Satzes 1 der Vorschrift gelte[21]. Begrenzt man auf diese Weise das Rückforderungsverbot als rechtshindernde Einwendung dahin, dass nur die besondere Lesitungskondiktion gemäß § 817 Satz 1

---

[21] *Heck*, AcP 124 (1925), S.1 ff.; ebenso *Leonhard*, SchuldR II, 1931, S.494, 503; *Jung*, Bürgerliches Recht (in Stammler, Das gesamte deutsche Recht in systematischer Darstellung) I, 1931, S.756, RGRK-*Lobe* § 817 A.1

BGB ausgeschlossen sein soll, so hat dies umgekehrt folgende Konsequenz: Eine Kondiktion ist trotz des § 817 Satz 2 BGB immer dann gegeben, wenn auch die Voraussetzungen für eine Rückforderung nach §§ 812 Abs. 1 Satz 1 Fall 1, 134, 138 BGB vorliegen, das heißt, wenn das Grundgeschäft nach § 134 oder § 138 BGB nichtig ist[22]. Denn die allgemeine Leistungskondiktion (§ 812 Abs. 1 Satz 1 Fall 1 BGB) bleibt hiernach vom Rückforderungsverbot des § 817 Satz 2 BGB unberührt. Für diese Auffassung sprechen der Wortlaut der Vorschrift, der sich in Satz 2 mit dem Wort „gleichfalls" auf Satz 1 bezieht, sowie die systematische Stellung des Satzes 2 hinter Satz 1. Für § 817 Satz 2 BGB verbliebe damit aber kaum ein eigener Anwendungsbereich mehr, weil bei beiderseitigem Gesetzes- oder Sittenverstoß das Grundgeschäft immer nach §§ 134 oder 138 BGB nichtig ist. Auf den dann anwendbaren § 812 Abs.1 Satz 1 Fall 1 BGB würde § 817 Satz 2 BGB sich nicht erstrecken. Auch § 817 Satz 1 BGB als Fall einer besonderen Leistungskondiktion wegen verwerflichen Empfangs würde dann aber durch die Nichtigkeitsvorschriften der §§ 134 und 138 BGB und die grundsätzliche Anwendbarkeit der allgemeinen Leistungskondiktion letztlich ausgehebelt. Der Bundesgerichtshof[23] hat dementsprechend schon in einer seiner frühesten Entscheidungen dazu festgestellt, „dass für einen eigenen Bereicherungsanspruch wegen gesetzeswidrig oder unsittlich empfangener Leistung kaum ein Bedürfnis besteht, da im Regelfall § 812 Abs.1 Satz 1 Fall 1 BGB anwendbar ist".

a) Lösungsvorschlag von Phillip Heck

Heck[24] versuchte dieses Problem zu lösen, indem er § 817 Satz 1 BGB für einen Teil der Ansprüche im Überschneidungskreis der Vorschriften in § 817 Satz 1 BGB und § 812 Abs. 1 Satz 1 Fall 1 BGB unter formalen Aspekten unter § 817 Satz 1 BGB subsumierte, der für diesen Teil der Ansprüche lex specialis zu § 812 Abs.1 Satz 1 Fall 1 BGB sein soll. Er hebt aus der gesamten Schnittmenge der unter die Vorschrift fallenden Fälle diejenigen heraus, bei denen der von § 817 BGB geforderte Sittenverstoß gerade „durch die Leistung" oder die „Annahme" gekennzeichnet sein soll. Er nennt sie die konstruktiven Konkurrenzfälle oder auch schlicht Verstoßfälle[25], die nach seiner Auffassung allein von § 817 Satz 1 BGB erfasst sind. Nur bei ihnen soll neben der aus der Nichtigkeit resultierenden allgemeinen Leistungskondiktion sodann gemäß § 817 Satz 1

---

[22] So auch *Honsell*, S.136 ff. vermittelnd für die Fälle der „Deliktsanstiftung", die allein von § 817 Satz 2 BGB erfasst sein sollen; *Larenz/Canaris* § 68 III 3, S. 162
[23] BGHZ 8, 348, 370; auch *Larenz/Canaris* § 68 I 6: praktische Bedeutung ist minimal, „wenn nicht gleich null"
[24] *Heck*, AcP 124 (1925), S.1 ff.
[25] *Heck*, AcP 124, S.1 ff., 21

BGB auch § 817 Satz 2 BGB zum Zuge kommen. Die Überlegungen von Heck führen indes nicht weiter, weil er keine genauen Kriterien inhaltlicher Art angeben kann, durch die ein Verstoß gerade „durch die Leistung" oder die „Annahme" derselben gekennzeichnet sein soll. Bis heute ist unklar, ob die „Annahme" der Leistung im Sinne einer gegenständlichen Entgegennahme zu verstehen ist, namentlich etwa als Besitzerwerb im Rahmen der Übereignung von beweglichen Sachen, dem Erlangen einer Forderung oder eines anderen Rechts durch Abtretung (§§ 398, 413 BGB) oder ob das bloße Mitwirken des Empfängers schon bei der schuldrechtlichen Abrede als „Annahme" der Leistung gemeint ist[26]. Lässt man die bloße Mitwirkung des Empfängers an der schuldrechtlichen Abrede ausreichen, liegt in den Fällen der Gesetzes- oder Sittenwidrigkeit schon der schuldrechtlichen Abrede auch immer ein Leistungs- oder Annahmeverstoß vor, der dazu führt, dass es kein Sondergebiet des § 817 Satz 1 BGB gibt, für das speziell die Rückforderung nach § 817 Satz 2 BGB ausgeschlossen ist.

b) Verbotswidrigkeit nur der „Annahme"

Dem dargelegten Einwand treten einige Anhänger der Einschränkungslehre entgegen, die § 817 Satz 1 BGB nur dann anwenden wollen, wenn *trotz Gültigkeit des Grundgeschäfts* und der aus ihm folgenden Leistung gerade die „Annahme" dieser Leistung gegen ein gesetzliches Verbot oder gegen die guten Sitten verstößt[27]. Vorausgesetzt wird nach dieser Auffassung für einen eigenen Anwendungsbereich des § 817 Satz 1 BGB, dass der Empfänger *durch die Annahme* der Leistung gegen ein gesetzliches Verbot oder gegen die guten Sitten verstößt und trotzdem die zugrundeliegende schuldrechtliche Vereinbarung einen Inhalt hat, der nicht verbots- oder sittenwidrig ist. Gerade darin soll die besondere Bedeutung des § 817 Satz 1 BGB liegen, der nach dieser Auffassung immer dann zum Zuge kommt, wenn die Voraussetzungen der §§ 134, 138 BGB beim schuldrechtlichen Verpflichtungsgeschäft nicht erfüllt sind. Nach § 817 Satz 1 BGB soll es nur darauf ankommen, dass der „Empfang" der Leistung verwerflich ist. Ob mit dem „Empfang" der Leistung dabei allein die rechtsgeschäftliche Erfüllung des danach wirksamen Verpflichtungsgeschäfts gemeint ist, bleibt aber auch hier unklar.

---

[26] Siehe dazu unten S.31 f.
[27] *Leonhard,* SchuldR II, 1931, S.494, 503; *Jung,* Bürgerliches Recht (in Stammler, Das gesamte deutsche Recht in systematischer Darstellung) I, 1931, S.756, RGRK-*Lobe* § 817 A.1; Soergel-*Mühl* § 817 Rdnr. 3; *Enneccerus-Lehmann* § 226 1 c , S.906; *Larenz,* Schuldrecht II, § 69 III a, S.423 f.; *Esser,* Schuldrecht § 103 III 2, S.358; *Fikentsche*r, SchuldR, § 99 III 4a, S.579

c) Differenzierungen in der Reichweite des § 817 Satz 2 BGB

Innerhalb der soeben gekennzeichneten Meinung teilen sich die Auffassungen wieder. Ein Teil der Anhänger der Einschränkungslehre zu § 817 Satz 1 BGB[28] will sodann auch § 817 Satz 2 BGB auf die Fälle des Annahmeverstoßes bei gültigem Grundgeschäft beschränken. Demgegenüber erstreckt die Rechtsprechung des Reichsgerichts[29] und des Bundesgerichtshofs[30] § 817 Satz 2 BGB auch auf die allgemeine Leistungskondiktion nach § 812 Abs. 1 Satz 1 Fall 1 BGB. Dabei betont man aber – wie gesagt - die Selbständigkeit des in § 817 Satz 1 geregelten Bereicherungsanspruchs, der immer dort ergänzend eingreifen wolle, wo „trotz Gültigkeit des Grundgeschäfts und der aus ihm folgenden Leistung die Annahme dieser Leistung gegen ein gesetzliches Verbot verstößt oder unsittlich ist"[31].

Für einen eigenen Anwendungsbereich des § 817 Satz 1 BGB kommt es hiernach also darauf an, ob es Fälle gibt, in denen trotz Gültigkeit des Kausalgeschäfts und der aus ihm folgenden Leistung die „Annahme" dieser Leistung gegen ein gesetzliches Verbot oder gegen die guten Sitten verstößt[32].

II. Entstehungsgeschichte der Kondiktion wegen verwerflichen Empfangs

Bevor auf die Beantwortung dieser Frage näher eingegangen wird, soll zunächst der von den Gesetzesverfassern mit § 817 Satz 1 BGB vorausgesetzte Anwendungsbereich untersucht werden, um eine genaue Vorstellung davon zu bekommen, welche Fälle im Überschneidungskreis der §§ 812 Abs. 1 Satz 1 Fall 1 BGB , 134, 138 BGB nach der Intention der Gesetzesverfasser von § 817 Satz 1 BGB erfasst sein sollten und welche Berechtigung § 817 Satz 1 BGB als Fall einer im Gesetz geregelten besonderen Leistungskondiktion neben § 812 Abs. 1 Satz 1 Fall 1 BGB (condictio indebiti) und § 812 Abs. 1 Satz 2 Fall 2 (condictio ob rem) BGB aufweisen kann.

---

[28] *Leonhard*, SchuldR II, 1931, S.494, 503; *Jung*, Bürgerliches Recht, 1931, S.756, RGRK-Lobe § 817 A.1
[29] St. Rspr. vgl. RG LZ 1922, 648; RGZ 63, 346, 354; 151, 70, 72; 161, 52, 55
[30] St. Rspr. vgl. BGHZ 8, 348, 371; 39, 87, 91; 44, 1, 6; 50, 90, 91
[31] RGZ 63, 346, 370
[32] Siehe dazu auch *Honsell*, 1974, S.33 ff.

1. Leistung um eines künftigen Erfolges willen

Vorschriften über die Rückforderung des „wegen unsittlichen oder unrechtlichen Grundes" Empfangenen enthalten das Allgemeine Preußische Landrecht in I 16 §§ 172 f., 205 ff., der cod. max. bav. civ. in § VIII c. 13 Teil IV § 8, der Dresdener Entwurf in Art. 993, Art. 994 und Art. 995[33] und der Entwurf eines bürgerlichen Gesetzbuchs für das Königreich Bayern in Art. 933 bis Art. 935[34]. In den genannten Kodifikationen oder Entwürfen war der Bereicherungsausgleich bei Verstoß gegen ein gesetzliches Verbot oder gegen die guten Sitten nach Fallgruppen des Empfängerverstoßes, eines Verstoßes allein des Leistenden und den des beiderseitigen Verstoßes gegliedert.

a) Preußisches Allgemeines Landrecht

Einen besonderen Weg ging aus Sicht früher Kodifikationen das Preußische Allgemeine Landrecht. Dort findet sich die Unterscheidung der Rückforderung von „Zahlungen zu einem unerlaubten Zweck" (§§ 205, 206 ALR) und der Rückforderung von Zahlungen „aus einem unerlaubten Geschäft" (§§ 172, 173 ALR). Anders als der heutige § 817 Satz 1 BGB bestimmt dabei § 172 ALR, dass Zahlungen aus einem Geschäfte, welches gegen ein ausdrückliches Verbotsgesetz läuft, der Zahlende nicht zurückfordern kann. Das ALR geht dabei ersichtlich von dem Gedanken aus, dass *freiwillige* Leistungen vom Leistenden nicht zurückgefordert können, auch wenn sie gegen ein Verbotsgesetz verstoßen und zwar auch dann nicht, wenn auch der Empfänger der Leistung durch die Annahme der Leistung verbotswidrig handelte. Der Fiscus hatte lediglich das Recht, dem Empfänger den verbotenen Gewinn zu entziehen. Die §§ 172 und 173 ALR lauten:

§ 172 ALR. Zahlungen aus einem unerlaubten Geschäfte, welches gegen ein ausdrückliches Verbotsgesetz läuft, kann zwar der Zahlende nicht zurückfordern;

§ 173 ALR. Der Fiscus hat aber das Recht, dem Empfänger den verbotenen Gewinn zu entreißen.

Eine Herausgabeverpflichtung des Empfängers an den Leistenden, nicht an den Fiscus, bestand nur „von Zahlungen zu einem unerlaubten Zweck" (§§ 205,

---

[33] *Francke*, Neudrucke privatrechtlicher Kodifikationen und Entwürfe des 19. Jahrhunderts, Band 2 Dresdener Entwurf eines Allgemeinen deutschen Gesetzes über Schuldverhältnisse von 1866, S.198

[34] *Francke*, Neudrucke privatrechtlicher Kodifikationen und Entwürfe des 19. Jahrhunderts, Band 3 Entwurf eines bürgerlichen Gesetzbuchs für das Königreich Bayern 1861-1864 mit Motiven; S.203

206), wenn der Empfänger dem Geber die Leistung *abgenötigt* oder ihn im Fall der Hingabe für die Vornahme einer gesetz- oder sittenwidrigen Handlung zu einem solchen Tun *verleitet* hatte. Der Schutzgrund für die Rückforderung einer Leistung wurde nicht in der verwerflichen Gesinnung des Empfängers, sondern der Schutzbedürftigkeit des Leistenden gesehen, wenn dieser zur Leistung genötigt oder verleitet worden war.

Dabei war als besonderer Fall die Beamtenbestechung spezialgesetzlich geregelt.

„Wer einer in öffentlichen Bedienungen stehenden Person dafür, dass diese ihr Amt ausübe oder nicht ausübe, eine in den Gesetzen nicht gebilligte Belohnung freiwillig gegeben hatte", konnte dieselbe niemals zurückfordern (§ 210 ALR), es sei denn der Leistende war durch ein Verhalten des Empfängers zu einer solchen verleitet worden (§ 212 ALR).

Einzig und allein eine *dem Geber in einer Zwangslage abgenötigte* Zahlung sollte denselben zur Rückforderung berechtigen. Der Grund der möglichen Rückforderung war nicht eine sich in der Annahme der Leistung offenbarende verwerfliche Gesinnung des Empfängers. Hatte er freiwillig geleistet, war er nicht schutzwürdig.

Darüber hinaus war die Frage der Kenntnis oder Unkenntnis vom unerlaubten Zweck unbeachtlich. In den Fällen der §§ 172, 173 und §§ 205, 207, sowie §§ 210, 211 ALR ging das Gesetz davon aus, dass es einen *bloßen Geberverstoß, bei dem der Empfänger der Leistung den Zweck nicht kennt, nicht gibt*. Der Empfänger hatte das Erhaltene in jedem Fall an den Fiscus herauszugeben.

b) Partikularrechtliche Entwürfe

Im Entwurf eines bürgerlichen Gesetzbuchs für das Königreich Sachsen von 1860 wird der „Rückforderung wegen unsittlichen oder unrechtlichen Grundes" ein eigener Unterabschnitt im Dritten Abschnitt gewidmet, der sich mit „Forderungen aus verschiedenen Gründen" befasst. Diesem Unterabschnitt geht die Regelung zur „Rückforderung wegen Leistung einer Nichtschuld" (condictio indebiti) und „Rückforderung des unter Voraussetzung eines künftigen Ereignisses Geleisteten" vor aus der heutigen condictio ob rem (§ 812 Abs. 1 Satz 2 Fall 2 BGB). Die „Rückforderung wegen unsittlichen oder unrechtlichen Grundes" bildet dabei einen selbständigen III. Teil, weil die Rückforderung – im Gegensatz zur condictio ob rem - auch dann zugelassen wurde, wenn der Erfolg eingetreten war.

§ 1570 lautete:

„*Was jemand um eines künftigen Ereignisses willen unsittlicher Weise empfangen hat, kann der Geber, falls nicht auch das Geben eine Unsittlichkeit ist, zurückfordern, gleichviel ob das Ereignis eingetreten ist oder nicht*".

Die Vorschrift wird ergänzt durch § 1573, der bestimmt, dass für den Fall, dass, „sowohl dem Empfänger als dem Geber, oder aber dem Geber allein eine Unsittlichkeit zur Last fällt, die Rückforderung ausgeschlossen ist". Nach dem Wortlaut war eine Beschränkung der Kondiktion auf die Fälle vorgesehen, in denen geleistet wurde, um den Empfänger zur Vornahme eines künftigen Tuns oder Unterlassens zu bestimmen.

Die Beschränkung der Kondiktion wegen verwerflichen Empfangs auf die Leistung zur Herbeiführung oder Verhinderung eines künftigen Erfolges zeigt dabei besonders deutlich auch Art. 993 des Dresdener Entwurfs, in dem es heißt:

„*Hat jemand um eines künftigen Erfolges willen aus einer unsittlichen oder unehrenhaften Ursache etwas empfangen, so kann dieses der Geber von ihm zurückfordern, ohne Unterschied, ob der Erfolg eingetreten ist oder nicht. Fällt sowohl dem Geber als dem Empfänger eine Unsittlichkeit oder Unehrenhaftigkeit zur Last, so kann der erstere nicht Rückerstattung des von ihm Zugewendeten, und der letztere nicht Erfüllung des ihm Versprochenen verlangen*".

c) Regelungsentwurf der I. Kommission

Mit dem Dresdener Entwurf eines Obligationenrechts stimmt weitgehend der Teilentwurf des für das Obligationenrechts des BGB beauftragten Kommissionsmitglieds, des Redaktors v. Kübel überein, der in § 18 die Kondiktion wegen verwerflichen Empfangs wiederum auf die Herbeiführung oder Vermeidung eines künftigen Erfolges beschränkte:

§ 18. „Hat jemand um eines künftigen Erfolges willen aus einer sittlich verwerflichen Ursache etwas angenommen, so ist der Geber zur Rückforderung berechtigt ohne Unterschied, ob der erwartete Erfolg eingetreten ist oder nicht. Die Rückforderung findet nicht statt, wenn auch die Hingabe etwas sittlich Verwerfliches ist".

Wie auch die früheren Kodifikationen oder Entwürfe sieht der Teilrechtsentwurf in § 19 und § 20 dabei eine genaue Bestimmung der Fälle eines Empfängerverstoßes (§19) und Geberverstoßes (§ 20) vor:

§ 19. Eine sittlich verwerfliche Ursache auf Seiten des Empfängers ist insbesondere dann anzunehmen, wenn er etwas angenommen hat, damit er eine den Ge-

setzen oder den guten Sitten widerstreitende Handlung unterlasse oder eine Handlung vornehme, zu welcher er ohnedies rechtlich verpflichtet ist.
§ 20. Eine sittlich verwerfliche Ursache auf Seiten des Gebers ist insbesondere dann anzunehmen, wenn er etwas geleistet hat, um den Empfänger zur Vornahme einer den Gesetzen oder den guten Sitten widerstreitenden Handlung oder zur Unterlassung einer Handlung, zu welcher er rechtlich verpflichtet ist, zu bestimmen oder um gesetzwidrige oder unsittliche Handlungen zu befördern.

Die Kondiktion gegen den Empfänger fand nach diesen Vorschriften nur statt, wenn er *Böses* – eine den Gesetzen oder guten Sitten widerstreitende Handlung - *unterließ* oder sich eine Handlung erkaufen oder bezahlen ließ, zu der er *ohnedies verpflichtet war*. Der Fall des Geberverstoßes berührte sich damit nicht. Er sollte nur dann zum Tragen kommen, wenn die *Vornahme* einer Handlung vom Geber angestrebt wurde, die den Gesetzen oder guten Sitten *widerstrebte* oder er den Empfänger durch eine Leistung dazu bringen versuchte, eine *an sich gebotene Handlung* zu unterlassen. Die Fälle des Empfänger- bzw. Geberverstoßes erfassten also getrennte Sachverhalte, die in Überschneidungen nicht denkbar waren. Der einzige Fall, nach dem der Empfänger zur Herausgabe verpflichtet war, war der, wenn er sich um Böses zu unterlassen, oder Gutes zu tun, erkaufen und bezahlen ließ. Einer besonderen Regelung bedurfte es deshalb, weil die Annahme einer Leistung, um Böses zu unterlassen, oder Gutes zu tun, an sich nichts unsittliches oder verbotenes war.

Die §§ 19 und 20 des durch v. Kübel erarbeiteten Entwurfs wurden schon in den Beratungen der I. Kommission zur Schaffung eines einheitlichen Bürgerlichen Gesetzbuchs aufgegeben. Man erachtete sie aus gleichen Gründen wie § 18 für nicht angemessen. Zu § 18 war beantragt, im ersten Satz die Beschränkung „Hat jemand um eines künftigen Erfolges willen aus einer sittlich verwerflichen Ursache Etwas angenommen, ..." zu streichen und durch „...den Zweck, zu welchem diese Leistung bewirkt worden ist,...." zu ersetzen. Anlass für die Streichung der Vorschriften der §§ 19 und 20 war ebenfalls deren Wortlaut, der nach Auffassung der Kommission eine Beschränkung der Vorschrift auf den Eintritt eines künftigen Erfolges nahe legte. In den Protokollen zur 161. Sitzung vom 10. Januar 1883[35] heißt es dazu, dass „der Grund, weshalb der Empfänger zur Restitution verpflichtet erachtet werde, einzig und allein der auf Seiten des Empfängers in der Annahme der Leistung sich bethätigende Verstoß und die sich darin offenbarende Auflehnung gegen die guten Sitten oder die öffentliche Ordnung sei. Es wolle aber nicht einleuchten, wie es sich rechtfertigen lasse, den Empfänger, welchen ein solcher Vorwurf treffe, nur dann für restitutionspflichtig zu erachten, wenn in Rücksicht auf eine causa futura oder gar auf ein künfti-

---
[35] abgedruckt bei *Jakobs/Schubert*, Die Beratung des Bürgerlichen Gesetzbuchs, S.818 ff.

ges Verhalten des Empfängers angenommen sei". Und weiter unten „ Man dürfe nicht einwenden, das Gesetz bezwecke durch Zulassung des Rückforderungsrechts ausschließlich, für die Zukunft ein verwerfliches Verhalten des Empfängers zu verhindern. Jener Grund treffe sichtbar nicht minder zu, wenn die causa der Vergangenheit angehöre. Fälle der letzteren Art seien vielleicht ebenso häufig, wie die der anderen Art. Es würden zu den Fällen der letzteren Art z.B. unter Umständen diejenigen zu zählen sein, wenn ein Beamter für eine frühere Amtshandlung eine Belohnung annehme. Man dürfe nicht einwenden, das Gesetz bezwecke durch Zulassung des Rückforderungsrechts ausschließlich, für die Zukunft ein verwerfliches Verhalten des Empfängers zu verhindern. Ein solcher Zweck dürfe nicht unterstellt werden. Denn nicht jenes Verhalten, welches – für sich betrachtet – ein ganz unverfängliches sein könne, wolle das Gesetz verhüten, getroffen werden solle die in der Annahme der Leistung sich kundgebende verwerfliche Gesinnung des Empfängers. Der Gesetzgeber habe vollen Anlass, damit im Volksleben der Sinn für die guten Sitten und für das Interesse der öffentlichen Ordnung gestärkt und genährt werde, überall, wo der Empfänger durch die Annahme der Leistung mit den guten Sitten und der öffentliche Ordnung sich in Widerspruch setze, die Pflicht zur Herausgabe des Empfangenen vorzuschreiben".

Als Grund für die Herausgabepflicht wurde die *in der Annahme der Leistung sich kundgebende verwerfliche Gesinnung des Empfängers* gesehen. Nicht beachtet wurde dabei, dass aus genannten Gründen ursprünglich die Kondiktion nur deshalb notwendig wurde, weil die Annahme einer Leistung dafür, Böses zu unterlassen oder Gutes zu tun gerade nichts verwerflich oder verbotenes war. Trotzdem ebnete der Strafgedanke den Weg für die von der Rechtsprechung zunächst auch im Zusammenhang mit dem Rückforderungsverbot in § 817 Satz 2 BGB vertretene Straftheorie[36].

Die Strafidee und die Überlegungen der I. Kommmission, dass die in der Annahme der Leistung sich kundgebende verwerfliche Gesinnung des Empfängers getroffen werden sollte, machten es zwangsläufig notwendig, die Kondiktion auszuschließen, wenn der Empfänger bei Annahme der Leistung keine Kenntnis vom Verstoß gegen die öffentliche Ordnung oder die guten Sitten hatte. Zu der durch von Kübel vorgeschlagenen Fassung des § 18 wurde es daher für räthlich gehalten, „nach dem Inhalte des Rechtsgeschäfts" in den Text einzufügen zur Verdeutlichung, dass es „auf die causa der Leistung, nicht etwas bloß auf ihre Beschaffenheit ankomme und zur Abwehr des Missverständnisses, die Vorschrift finde auch dann Anwendung, wenn dem Empfänger die causa turpis nicht erkennbar geworden oder nicht ins Bewusstsein getreten sei. Es sollte also nur

---

[36] Siehe dazu unten S.79

derjenige der condictio ob turpem causam unterliegen, der in verwerflicher Gesinnung empfangen hatte. Sollte die für eine solche Gesinnung unbedingt nötige Kenntnis einmal fehlen, „müsse der Empfänger, hätte er dieselbe bei dem Empfange gekannt und hätte diese ihn von dem Empfange abhalten sollen, geschützt bleiben; denn der tadelfreie Empfang könne durch eine solche nachträgliche Kenntnisnahme nicht gleichsam rückwärts ein tadelhafter werden"[37]. Die Bestimmung lautete im Entwurf der I. Kommission

§ 747 Abs. 1 E I. Ist von dem Empfänger einer Leistung durch deren Annahme nach dem Inhalte des Rechtsgeschäftes gegen die guten Sitten oder die öffentliche Ordnung verstoßen worden, so kann der Geber das Geleistete zurückfordern.
§ 747 Abs. 2 E I. Der Empfänger ist von der Zeit des Empfanges an zur Herausgabe des Geleisteten nach Maßgabe der Vorschriften verpflichtet, welche gegen den Empfänger einer Nichtschuld gelten, wenn dieser nach der Leistung erfahren hat, dass die Verbindlichkeit, zu deren Erfüllung geleistet worden ist, nicht bestanden hat.
§ 747 Abs. 3 E I. Die Rückforderung ist ausgeschlossen, wenn durch die Leistung auch von dem Geber gegen die guten Sitten oder die öffentliche Ordnung verstoßen worden ist.

2. Regelungsentwurf der II. Kommission aufgrund des Gegenentwurfs Otto v. Gierke

Die zweite Kommission veränderte den Wortlaut der Vorschrift nur unwesentlich.
Der Zusatz „nach dem Inhalte des Rechtsgeschäfts" wurde gestrichen. Man hielt ihn für überflüssig, ohne dabei zu erkennen, dass die Leistung, durch deren Annahme gegen ein gesetzliches Verbot oder gegen die guten Sitten verstoßen wurde, irgendwie zum Bestandteil des Vertragswillens geworden sein musste und nicht zum übrigen Inhalt des Vertrages im Verhältnis als bloßes Motiv oder Beweggrund stand. Weiter wurde parallel zu der Vorschrift des § 106, des heutigen § 138 BGB, der Verstoß gegen die öffentliche Ordnung weggelassen und dem Verstoß gegen die guten Sitten der Verstoß gegen ein gesetzliches Verbot gleichgestellt[38].

Darüber hinaus war Gegenstand der Beratungen der zweiten Kommission vor allem ein von Otto von Gierke[39] stammender Gegenentwurf, der eine allgemeine bereicherungsrechtliche Generalklausel an den Anfang des Bereicherungsrechts stellte. Er bestimmte:

§ a (§§ 748 Abs.1, 2; 737 Abs.3) Hat jemand aus dem Vermögen eines anderen etwas ohne rechtlichen Grund erlangt, so ist er dem anderen zur Herausgabe des Erlangten verpflichtet.

---

[37] *Jakobs/Schubert*, Die Beratung des Bürgerlichen Gesetzbuchs, S.818 ff., 823
[38] Mugd. II, S.1172
[39] *Otto von Gierke*, Entwurf eines Bürgerlichen Gesetzbuches, 1889, S.272 f.

§ b (§§ 737 Abs.1, 742, 745 Abs.1, 747 Abs.1) Eine Leistung kann wegen mangelnden rechtlichen Grundes zurückgefordert werden, wenn sie ohne Zweckbestimmung erfolgt oder die Zweckbestimmung nichtig ist oder wenn der bestimmte Zweck nicht erreicht oder weggefallen oder derart ist, daß der Empfänger durch die Annahme der Leistung gegen ein gesetzliches Verbot oder gegen die guten Sitten verstößt.
§ d (§§ 737 Abs.4, 743) In den Fällen des § b ist die Rückforderung ausgeschlossen:
1. wenn die Erreichung des Zwecks von Anfang an unmöglich und dies dem Leistenden bekannt gewesen ist, insbes. wenn im Falle der Leistung zum Zwecke der Erfüllung oder der vertragsmäßigen Feststellung einer Verbindlichkeit der Leistende gewusst hat, daß die Verbindlichkeit nicht bestand;
2. wenn der Zweck der Leistung derart war, daß der Leistende durch die Leistung gegen ein gesetzliches Verbot oder gegen die guten Sitten verstieß; bestand jedoch die Leistung in der Begründung oder in der vertragsmäßigen Feststellung einer Verbindlichkeit des Leistenden, so ist die Rückforderung zulässig, wenn der Empfänger durch die Annahme der Leistung ebenfalls gegen ein gesetzliches Verbot oder gegen die guten Sitten verstieß.

Die Kommission beschloss, den Gegenentwurf der Beratung zu Grunde zu legen und erwog: „Der Entwurf stelle bei der ungerechtfertigten Bereicherung nicht, wie bei den unerlaubten Handlungen (§ 704), den allgemeinen Grundsatz an die Spitze, sondern behandle im Anschlusse an das römische Recht zunächst vier besondere Fälle, bei denen die ungerechtfertigte Bereicherung ihren Grund in einer Leistung habe, und füge dann im § 748 eine ergänzende Vorschrift für alle übrigen Fälle hinzu; dagegen mache der Gegenentwurf im Anschlusse an das schweizerische Recht die ergänzende Vorschrift des § 748 Abs. 1 zum allgemeinen Grundsatz. Die Vorschriften gewännen hierdurch wesentlich an Übersichtlichkeit und Klarheit; auch schematisch sei es richtiger, das allgemeine, die ganze Lehre beherrschende Prinzip an die Spitze zu stellen und verdiene dies jedenfalls vom Standpunkte der Gesetzgebungstechnik den Vorzug, zumal hierdurch die Möglichkeit geschaffen werde, die gerade in diesem Titel häufig wiederkehrenden Verweisungen einer Gesetzesstelle auf die andere zu vermeiden"[40].

Die vier Fälle des Entwurfs der I. Kommission bezogen sich sämtlich auf Tatbestände der Leistungskondiktion. In § 737 Abs.1 E I war geregelt, dass die zum Zwecke der Erfüllung einer Verbindlichkeit bewirkte Leistung zurückgefordert werden konnte, wenn die Verbindlichkeit nicht bestanden hatte (condictio indebiti). § 742 E I bestimmte, dass der Leistende, wenn er unter der ausdrücklichen oder stillschweigenden Voraussetzung des Eintritts oder Nichteintritts eines künftigen Ereignisses oder eines rechtlichen Erfolges geleistet hatte, diese Leistung zurückfordern kann, wenn die Voraussetzung sich nicht erfüllt hat (condictio ob rem). § 745 Abs. 1 E I behandelte die Rückforderung einer Leistung, wenn der Rechtsgrund später weggefallen war und § 747 Abs.1 E I die Kondiktion wegen verwerflichen Empfangs.

---

[40] Mugd. II., S. 1170

a) „Zweck" erreichung als rechtlicher Grund einer jeden Leistung

Alle vier Tatbestände stellten auf den Zweck der Leistung ab. Der Gegenentwurf fasste diese vier Fälle in § b zusammen. Als den *Rechtsgrund* bezeichnete der Gegenentwurf *die der Leistung gegebene Zweckbestimmung* und sah die unter § b zusammengefassten Fälle als solche der Rückforderung einer rechtsgültigen Leistung wegen Mangels des Rechtsgrundes. Bedenken gegen die Gleichsetzung von Rechtsgrund und Zweckbestimmung wurden in den Erörterungen der II. Kommission nur insoweit geäußert, als der Zweck der Leistung genauso unbestimmt sei wie die von Windscheid vertretene Lehre von der Voraussetzung einer Leistung. Gegen sie war geltend gemacht worden, dass „mit der Voraussetzung, obwohl sich das Leben ihrer nicht selten bediene, als Rechtsbegriff nicht operiert werden könne. In zahlreichen Fällen, namentlich wenn die Parteien die Voraussetzung bezeichnet hätten, bilde sie einen Bestandtheil des Vertragswillens und stehe zum übrigen Inhalte des Vertrages nicht im Verhältnisse eines Rechtsgrundes zur Leistung, sondern gehöre selbst zum Vertragsinhalte. Bei diesem Thatbestande gewähre die Voraussetzung mehr als die bloße Möglichkeit, das Geleistete zurückzufordern, sie stelle sich entweder als auflösende Bedingung dar oder habe die Bedeutung des Vorbehaltes des Rücktrittsrechtes. Der Entwurf gehe jedoch weiter und wolle, insoweit der Windscheid´schen Theorie folgend, in Anlehnung zukünftiger Ereignisse die Voraussetzung auch berücksichtigen, wenn die Parteien den vorausgesetzten Umstand, weil sie ihn für sicher hielten, unerwähnt gelassen hätten, hinterher aber der Eintritt des Ereignisses oder des Erfolges ausgeblieben sei. Dabei ergebe sich aber die Gefahr, dass sich für die Beurtheilung der Unterschied zwischen Voraussetzung und Motiv verwische und daß die Praxis irrthümlicherweise dahin gelangen könne, die Einwirkung eines außerhalb des Vertrages liegenden Beweggrundes zu beachten... ." Und weiter unten „Die Anträge hätten zwar den Begriff der Voraussetzung aufgegeben, aber, was sie an deren Stelle setzen wollten, sei so unbestimmt, dass damit die gewünschte Klarstellung nicht erreicht werde. Bei der Frage nach dem Zweck und der Zweckbestimmung der Leistung würden dieselben Zweifel erhoben werden, zu denen die Voraussetzung Raum gebe. Immer werde es darauf ankommen, Zweck und Zweckbestimmung richtig zu erfassen und von dem Beweggrunde zu unterscheiden. Besser sei allerdings die Ausdrucksweise des Hauptantrages 3a, der den Mangel des Rechtsgrundes als Mangel des bezweckten rechtlichen Erfolges bezeichne, aber es werde damit ein Gesichtspunkt in den Vordergrund gestellt, der das Verhältnis nicht erschöpfe und auch nicht entscheidend sein könne, da den Parteien nicht immer an einem rechtlichen, sondern häufig nur an einen thatsächlichen wirtschaftlichen Erfolg gelegen sei"[41].

---

[41] Mugd. II, S.1174

Die Kommission hielt dennoch an der Auffassung fest, dass die Zweckbestimmung den Rechtsgrund der Leistung bilde, lehnte § b im übrigen ab und ergänzte § a folgendermaßen:

§ a. Hat jemand durch die Leistung eines anderen oder in sonstiger Weise auf dessen Kosten etwas ohne rechtlichen Grund erlangt, so ist er dem anderen zur Herausgabe des Erlangten verpflichtet. Ohne rechtlichen Grund ist insbesondere auch dann etwas erlangt, wenn der mit der Leistung bezweckte Erfolg nicht erreicht oder der Rechtsgrund, auf welchem die Leistung beruht, später weggefallen ist.

Die condictio ob rem und die condictio ob causam finitam wurden als beispielhafte Aufzählungen für die Nichterreichung des *mit der Leistung verfolgten Zwecks* in Satz 2 der Vorschrift aufgenommen. Die Kommission vertrat die Ansicht, dass sich ohne Schwierigkeiten aus den besonderen Vorschriften über die Leistung einer Nichtschuld und über den verwerflichen Empfang erkennen lasse, dass die Zweckbestimmung den Rechtsgrund der Leistung bilde[42]. Von einer ausdrücklichen Klarstellung im Gesetz wurde daher abgesehen.

Einvernehmen bestand weiterhin darüber, dass die Fälle der Rückforderung wegen verwerflichen Empfanges wegen ihrer Wichtigkeit und der besonderen Vorschriften, die für sie gegeben werden müssten, auszuscheiden seien[43]. § 741 lautete im Entwurf der II. Kommission:

§ 741 E II. War der Zweck einer Leistung in der Art bestimmt, daß der Empfänger durch die Annahme gegen ein gesetzliches Verbot oder gegen die guten Sitten verstoßen hat, so ist der Empfänger zur Herausgabe verpflichtet, es sei denn, daß dem Leistenden gleichfalls ein solcher Verstoß zur Last fällt. Die Rückforderung ist auch in einem Falle dieser Art zulässig, wenn die Leistung in der Eingehung einer Verbindlichkeit bestand; das zur Erfüllung einer solchen Verbindlichkeit Geleistete kann nicht zurückgefordert werden.
Unter dem Zweck der Leistung war danach sowohl der rechtliche als auch ein tatsächlich wirtschaftlich bezweckter Erfolg zu verstehen und vom bloßen Motiv und Beweggrund der Leistung abzugrenzen. Die Zweckbestimmung als Rechtsgrund erfasste damit auch alle außerhalb des rechtsgeschäftlichen Erfolges liegenden Ereignisse. Eine Unterscheidung zwischen dem Zweck der Leistung z. B. als Schuldtilgung bei Leistung auf eine (vermeintlich) bestehende Verbindlichkeit und dem Rechtsgrund dieser Leistung, nämlich der zu Grunde liegenden und durch die Leistung erlöschenden Forderung, wurde nicht gemacht.

---

[42] Mugd. II, S.1174
[43] Mugd. II, S.1173

b) Zweckerreichung als Teilelement des Begriffs der Leistung

Bis heute ist dabei unklar geblieben, ob der nachweislich historische Zusammenhang zwischen der condicito ob turpem causam und der condicito ob rem seine systematische Begründung darin findet, dass nach dem Gegenentwurf Otto von Gierkes die geforderte Zweckerreichung als rechtlicher Grund einer jeden Leistung angesehen wurde. Dies würde voraussetzen, dass eigentlich sämtliche einzelnen Tatbestände von Leistungskondiktionen alle in einer condicito ob rem aufgehen. Dem steht jedoch der insoweit eindeutige Gesetzeswortlaut in § 812 Abs. 1 Satz 1 Fall 1 und Abs.1 Satz 2 Fälle 1 und 2 BGB entgegen. Die condicito wegen mangelnder Zweckerreichung ist hiernach ersichtlich ein gleichsam anhangsweise in § 812 Abs. 1 BGB an letzter Stelle geregelter Sonderfall. Als solcher ist sie auch in der Rechtsprechung des Reichsgerichts[44] und des Bundesgerichtshofs[45] verstanden worden. Das tritt schon darin zu Tage, dass die hauptsächlichen Probleme einmal bei der Abgrenzung zum Wegfall der Geschäftsgrundlage lagen, und zum anderen bei der Frage, welche Anforderungen an die Vereinbarung eines außerhalb des Vertrages liegenden Zwecks der Leistung zu stellen sind[46]. Wenn ein besonderer Zweck in § 812 Abs.1 Satz 2 Fall 2 BGB als Tatbestandsmerkmal neben der Leistung gemeint wird, der durch sie erreicht werden soll, so kann dieser Zweck nicht identisch sein mit dem „Zweck", der als Teilelement im Sinne einer Tilgungsbestimmung die Zuwendung des Schuldners an den Gläubiger überhaupt erst zur Leistung macht. Die Zweckerreichung als Teilelement des Begriffs der Leistung muss also eine andere sein als die Erreichung eines besonderen Zwecks jenseits der Leistung, wie diese in § 812 Abs.1 Satz 2 Fall 2 BGB vorausgesetzt wird.

Hält man sich dies vor Augen, so muss auch für § 817 BGB im Wege der Auslegung entschieden werden, ob der dort genannte Zweck ein solcher im Sinne des besonderen weitergehenden Zwecks einer condictio ob rem zu interpretieren ist oder ob nicht doch aus systematischen Gründen der Zweck in § 817 BGB nichts anderes ist als jener „Zweck" insbesondere im Sinne einer Tilgungsbestimmung, der eine Zuwendung überhaupt erst zur Leistung macht (wie in den Fällen des § 812 Abs.1 Satz 1 Fall 1, Abs.2 Satz 2 Fall 1 BGB).

---

[44] RGZ 106, 93; auch 132, 238
[45] BGHZ 44, 321 = NJW 1966, 540 = JZ 1966, 233 = BB 1966, 55; BGH NJW 1992, 2690
[46] Vgl. Soergel-*Mühl* § 812 Rdnr. 195 zur condictio ob rem

III. Abgrenzungsfragen

1. Abgrenzung des § 817 Satz 1 BGB zur condictio ob rem (§ 812 Abs.1 Satz 2 Fall 2 BGB)

Wenn in § 817 Satz 1 BGB vom „Zweck der Leistung" die Rede ist, so erweckt dies auf den ersten Blick den Eindruck, als gehe es um die Erreichung eines zusätzlichen Zwecks eben dieser Leistung. Das könnte so aufgefasst werden, als sei in § 817 Satz 1 BGB ein Sondertatbestand der condictio ob rem (§ 812 Abs. 1 Satz 2 Fall 2 BGB) geregelt[47]. Bei näherem Zusehen ergibt sich jedoch folgendes: Der „Zweck der Leistung" muss gemäß § 817 Satz 1 BGB „in der Art bestimmt gewesen sein, daß der Empfänger durch die Annahme gegen ein gesetzliches Verbot oder gegen die guten Sitten verstoßen hat". Dabei kann die „Annahme" der Leistung nicht im Sinne einer gegenständlichen Entgegennahme verstanden werden, namentlich etwa als Besitzerwerb im Rahmen der Übereignung von beweglichen Sachen oder etwa das bloße Erlangen einer Forderung oder eines anderen Rechts durch Abtretung (vgl. §§ 398, 413 BGB). Vielmehr spricht vieles dafür, dass das Mitwirken des Empfängers schon bei der schuldrechtlichen Vereinbarung als Annahme der Leistung gemeint ist. Es ist schwierig vorstellbar, dass gerade der bloße Erwerb von Sachen und Rechten aufgrund einer Verfügung öfters gegen ein Gesetz oder gegen die guten Sitten verstößt. Demgegenüber leuchtet es sein, dass mit „Annahme der Leistung" schon die schuldrechtliche Abrede (Verpflichtungsgeschäft, Rechtsgrundabrede) gemeint ist, die ihrerseits gegen ein gesetzliches Verbot oder gegen die guten Sitten verstößt. Es ist also das schuldrechtliche gesetzes- oder sittenwidrige Rechtsgeschäft, das gemäß § 134 BGB oder § 138 BGB nichtig ist, bei dem der potentielle Kondiktionsschuldner als in Aussicht genommener Leistungsempfänger mitwirkt. Wenn aber die „Annahme der Leistung" in dieser Weise als Mitwirkung an dem schuldrechtlichen Geschäft zu verstehen ist, das gegen das Gesetz oder gegen die guten Sitten verstößt, dann kann eigentlich mit „Zweck der Leistung" im Sinne des § 817 Satz 1 BGB nur der „ Geschäftszweck" der schuldrechtlichen Abrede gemeint sein mit anderen Worten z.B. die Tilgungsbestimmung oder der sonstige vereinbarte Erwerbsgrund, der die geplante oder durchgeführte Zuwendung an den Empfänger zur Leistung macht. Die Gesetzesverfasser haben terminologisch nicht in allen Fällen genau zwischen bloßer Zuwendung (vgl. zum Begriff § 516 Abs. 1 BGB) und Leistung unterschieden. Man gelangt also durch diese Auslegung zu dem Ergebnis, dass der Zweck der

---

[47] So insbesondere *Honsell*, 1974, S.34 f., 139; Münch/Komm-*Lieb* § 817 Rdnr. 1; *Erman/H.P. Westermann* § 817 Rdnr. 1; *Esser/Weyers* § 49 III, S 69; *Reuter/Martinek* § 5 V 3., S.181; vgl. zu Merkmal des „bezweckten Erfolges" in § 812 Abs.1 Satz 2 Fall 2 auch *Lachner*, 67 ff.

Leistung in § 817 Satz 1 BGB nicht identisch mit dem besonderen Zweck einer Leistung in § 812 Abs. 1 Satz 2 Fall 2 BGB ist. Vielmehr handelt es sich schlicht um den Geschäftszweck oder eben die sogenannte causa des fraglichen Rechtsgeschäfts, bei dem die schuldrechtliche Vereinbarung einen Inhalt hat, durch den die rechtsgeschäftliche „Annahme" der geplanten Leistung gegen das Gesetz oder gegen die guten Sitten verstößt. Erst eine solche Auslegung emanzipiert § 817 Satz 2 BGB aus dem Dunstkreis der condicito ob rem (§ 812 Abs. 1 Satz 2 Fall 2 BGB) und macht § 817 Satz 1 BGB zur Grundlage einer eigenständigen besonderen Leistungskondiktion. Nur dann lässt sich auch die noch zu erörternde Anwendung von § 817 Satz 2 BGB als Ausschlustatbestand auch gegenüber der allgemeinen Leistungskondiktion nach § 812 Abs. 1 Satz 1 Fall 1 BGB rechtfertigen.

Ist in dieser Weise der „Zweck der Leistung" in § 817 Satz 1 BGB vom besonderen weitergehenden Zweck des § 812 Abs. 1 Satz 2 Fall 2 BGB abgegrenzt, bleibt fraglich, ob der Geschäftszweck oder eben die sogenannte causa des fraglichen Rechtsgeschäft, das gegen § 134 BGB oder § 138 BGB verstößt, den rechtlichen Grund bildet, bei dessen Fehlen der Leistende auch schon nach § 812 Abs. 1 Satz 1 Fall 1 BGB zur Rückforderung berechtigt ist. In den Motiven und Protokollen der II. Kommission zum Bürgerlichen Gesetzbuch finden sich keine Hinweise auf das Verhältnis der Kondikiton wegen verwerflichen Empfangs zu der dann an die Spitze des Bereicherungsrechts gestellten allgemeinen Leistungskondiktion. Einvernehmen bestand nur darüber, dass die Fälle der Rückforderung wegen verwerflichen Empfangs (und die der Leistung auf eine Nichtschuld) mit Rücksicht auf ihre Wichtigkeit und der besonderen Vorschriften, die für sie gegeben werden müssten, auszuscheiden seien. Welche besonderen Vorschriften für die condictio ob turpem causam gelten sollten, wird in den Motiven und Protokollen nicht dargelegt, insbesondere wird keine Stellung dazu genommen, ob der in § 817 Satz 2 BGB geregelte Rückforderungsausschluss auf § 817 Satz 1 BGB beschränkt bleiben oder auch auf die allgemeine Leistungskondiktion Anwendung finden soll. Nimmt man an, dass die condicito ob turpem causam einen Sonderfall der condicito ob rem bildete, wenn die Zweckbestimmung gegen ein gesetzliches Verbot oder gegen die guten Sitten verstößt, war eine Erörterung des Verhältnisses der allgemeinen Leistungskondiktion zur Kondiktion wegen verwerflichen Empfangs entbehrlich. Daraus folgt aber auch, dass sich für die II. Kommission bei der ausdrücklichen Erwähnung der condicito ob turpem causam in einem eigenen Paragraphen das Problem der Ausdehnung auf die allgemeine condictio sine causa demnach nicht stellte[48].

---

[48] So auch *Honsell*, 1974, S.107 nach Untersuchung der römisch-rechtlichen Grundlagen des § 817 Satz 1 BGB

2. Abgrenzung des § 817 Satz 1 BGB zur condictio indebiti (§ 812 Abs. 1 Satz 1 Fall 1 BGB)

Es bleibt daher aus heutiger Sicht der Frage nachzugehen, ob der Geschäftszweck oder eben die sogenannte causa des fraglichen Rechtsgeschäft, das gegen § 134 BGB oder § 138 BGB verstößt, den rechtlichen Grund bildet, bei dessen Fehlen der Leistende ebenfalls nach § 812 Abs. 1 Satz 1 Fall 1 BGB kondizieren kann[49]. Dazu ist es erforderlich, näher aus das Verhältnis Zweckbestimmung, Forderung und rechtlicher Grund einzugehen.

a) Forderung und rechtlicher Grund

Dazu lässt sich folgendes sagen[50]:

„Leistet der Schuldner auf eine gegen ihn gerichtete Forderung erlischt die Forderung nach § 362 Abs. 1 BGB. Durch die Erfüllung verliert der Gläubiger das Recht die Leistung weiterhin verlangen zu können. Der Vorteil („etwas"), den der Gläubiger durch die Leistung des Schuldners in der Regel in seinem Vermögen erlangt hat, gebührt ihm endgültig, wenn hierfür ein „rechtlicher Grund" besteht. Dies regelt das BGB in der Weise, dass eine Herausgabepflicht des Gläubigers hinsichtlich des durch die Leistung des Schuldners erlangten „etwas" nur dann gegeben ist, wenn er den Vorteil „ohne rechtlichen Grund" empfangen hat (§ 812 Abs.1 Satz 1 Fall 1 BGB). Der „rechtliche Grund" (causa) ist also maßgeblich für das dauerhafte oder zeitweilige rechtmäßige Behaltendürfen des durch die Erfüllung von seiten des Schuldners erlangten „etwas". Der rechtliche Grund entsteht i.d.R. durch das entsprechende rechtsgeschäftliche Einigsein der

---

[49] Vgl. dazu *Cosack*, Lehrbuch des Deutschen bürgerlichen Rechts, 1. Bd., 3. Aufl. 1900, § 167 II 1a): „...niemand...darf darauf rechnen, daß er alle Zwecke seiner Leistung wirklich erreicht"; *Enneccerus/Lehmann*, Recht der Schuldverhältnisse, 15. Bearb. 1958, § 200 I: Berücksichtigt wird „der verkehrsübliche (objektive, typische) Geschäftszweck der Zuwendung (der hinter ihr stehende Zweck), d.h. der mittelbare mit der Zuwendung erstrebte Rechtserfolg, der den rechtlichen Charakter der Zuwendung und die für die maßgebenden Rechtssätze bestimmt"; *Enneccerus/Niperdey*, Allgemeiner Teil des Bürgerlichen Rechts, 15.Aufl. Bd. I/2, 1960, § 148 I 2:"Die auf einen mittelbaren Rechtserfolg einer Zuwendung gerichtete Absicht nennen wir ihre Causa – besser: Causa (im subjektiven Sinne) – d-h- ihren Rechtszweck oder, da die Absicht, den Zweck zu erreichen, zugleich den Bewegrund für die Zuwendung bildet, ihren Rechtsgrund". Aufbauend hierauf *Larenz*, Allgemeiner Teil, 7.Aufl. 1989, § 18 II d: Die causa sei zu bestimmen als der „mit dem Geschäft seinem Inhalt nach über die eigenen Verpflichtung hinaus von jedem bezweckte weitere Rechtserfolg". Dem ist allein schon entgegenzuhalten, dass die causa nicht einen „weiteren Rechtserfolg" (welchen?) betrifft, der von Schuldner *und* Gläubiger „bezweckt" wird. Vgl. zum Ganzen die Darstellung bei J. *Wittig*, Das abstrakte Verpflichtungsgeschäft, 1996, S 58 ff und S.71 ff.

[50] *Hadding*, FS Kroeschell, 1997, S.293 ff.

Beteiligten über eine bestimmte Forderung zugleich als causa. Man nennt als „rechtlichen Grund" (causa) vornehmlich die Tilgung einer Verbindlichkeit (causa solvendi). Aufgrund der gegen ihn gerichteten Forderung erbringt der Schuldner dann eine „Leistung", wenn er die „Zuwendung" als bewusste Mehrung fremden Vermögens im Hinblick auf den bestehenden oder vermeintlichen „rechtlichen Grund" vollzieht.

In den sicherlich meisten Fällen vollzieht der Schuldner die Zuwendung, weil der Gläubiger sie von ihm verlangen kann oder verlangt, also mit Rücksicht auf die gegen den Schuldner gerichtete Forderung. Wenn die Zuwendung durch die Tilgungsbestimmung als Zweckbestimmung von seiten des Schuldners (§ 366 BGB) zur Leistung wird, dann liegt die Annahme nahe, dass der rechtliche Grund (causa) eben in der Forderung besteht. Der rechtliche Grund für den Gläubiger ist hiernach offenbar die Forderung, im Hinblick auf die als causa der Schuldner die Zuwendung vornimmt, mithin die Leistung bewirkt.

Auf den ersten Blick scheint die soeben angenommene Gleichsetzung von rechtlichem Grund und Forderung einem durchgreifenden Einwand ausgesetzt zu sein. In § 362 Abs. 1 BGB ist nämlich vorgesehen, dass die Forderung erlischt, wenn der Schuldner die geschuldete Leistung an den Gläubiger bewirkt. Kann die Forderung zum einen erlöschen, zum andern mit dem rechtlichen Grund (causa) identisch sein, der doch offensichtlich als Tatbestand für das dauerhafte oder zeitweilige rechtmäßige Behaltendürfen des durch die Leistung erlangten „etwas" fortbesteht? Muss nicht hiernach der rechtliche Grund etwas anderes sein als die Forderung? Möglicherweise hat diese Erwägung dazu geführt, den rechtlichen Grund in einem mit der Forderung nicht identischen „Zweck" zu sehen, der durch die Zuwendung von seiten des Schuldners erreicht werden soll. Dies würde auch verständlich machen, warum die „Leistung" im Sinne von § 812 Abs. 1 BGB seit der Entscheidung des Bundesgerichtshofs vom 31.10.1963 – VII ZR 285/61 – (BGHZ 40, 272, 277 f.) im Anschluss an Esser als „zweckgerichtete Zuwendung" bestimmt wird. Das Abstellen auf den Zweck der Zuwendung bei der Bestimmung eines angeblich besonderen Begriffs der Leistung innerhalb der §§ 812 ff. BGB ist offenbar dadurch bedingt, dass als rechtlicher Grund (causa) nicht die Forderung selbst mit dem Element „Behaltendürfen" des erlangten „etwas" angesehen wird, sondern neben ihr ein „Zweck" bestehen soll, den der Schuldner mit der Zuwendung zu erreichen sucht. Diese Verständnis von „rechtlichem Grund" (causa) als „Zweck" hat bisher nur zu Unklarheiten und Abgrenzungsproblemen geführt. Man muss sich jedoch folgendes vergegenwärtigen: Bei jeder Forderung als schuldrechtlichem Anspruch steht spätestens seit der Maßgeblichkeit des BGB das „Verlangenkönnen" des Gläubigers (vgl. § 194 Abs.1 BGB) im Vordergrund. Dieses „Verlangenkönnen" ist aber erst mit der Entwicklung des „Anspruchs" in die materiellrechtliche Ebene übernommen worden. Zuvor war das „Verlangenkönnen" als römisch - rechtliche actio im Sinne von Klagebefugnis ein prozessuales Recht.

Das „Schuldverhältnis" im engeren Sinne aber war (allein) die causa, das heißt der rechtliche Grund. Daraus ist herzuleiten, daß eine Forderung in der Regel sich nicht in dem „Verlangenkönnen" erschöpft. Die Forderung ist nicht nur schuldrechtlicher Anspruch (§ 194 Abs.1 BGB), sondern in der Regel auch zugleich der rechtliche Grund auf seiten des Gläubigers, also der Tatbestand für das rechtmäßige Behaltendürfen des durch die Leistung des Schuldners zugewendeten Vorteils. Wenn daher die Forderung durch „Erfüllung" erlischt (§ 362 Abs. 1 BGB), so betrifft dies nur das weitere „Verlangenkönnen", das heißt das Element „schuldrechtlicher Anspruch", nicht hingegen in der Regel ihr Fortbestehen als „rechtlicher Grund" (causa). Die als schuldrechtlicher Anspruch durch Erfüllung erloschene Forderung besteht in der Regel als rechtlicher Grund fort. Eine Herausgabepflicht hinsichtlich des durch die Leistung des Schuldners erlangten „etwas" wegen ungerechtfertigter Bereicherung ist dadurch ausgeschlossen".

Neben der Forderung als rechtlichem Grund gibt es bei den sogenannten forderungslosen Schuldverhältnissen, das heißt Vereinbarungen, bei denen als primärer Inhalt des Schuldverhältnisses keine Forderung entsteht, den Erwerbs- oder Empfangsgrund als rechtlichen Grund zum Behaltendürfen der Leistung. Das ist zum einen bei der Hand-Schenkung (§ 516 Abs.1 BGB) der Fall, bei der sich die Beteiligten über die Unentgeltlichkeit der Zuwendung einig sind, zum anderen war der vor der Schuldrechtsreform erfasste Fall des Hand-Darlehens ein Anwendungsfall, in dem für den Darlehensnehmer nach § 607 Abs. 1 BGB zuvor keine Forderung auf Überlassung der Darlehensvaluta als primärer Inhalt des Schuldverhältnisses entstand. Das Hand-Darlehen (§ 607 Abs.1 BGB) unterschied sich darin vom Darlehensversprechen(§ 610 BGB), das eine Forderung des Darlehensnehmers gegen den Darlehensgeber auf Überlassung der Darlehensvaluta begründete[51]. An die Stelle des Hand-Darlehens ist im Zuge der Schuldrechtsreform die Ausgestaltung des Darlehens als Darlehensvertrag getreten mit dem Inhalt, dass der Darlehensgeber durch den Darlehensvertrag verpflichtet wird, dem Darlehensnehmer einen Geldbetrag in der vereinbarten Höhe zur Verfügung zu stellen. Mit Abschluss des Darlehensvertrages entsteht also für den Darlehensnehmer eine Forderung auf Überlassung der Darlehensvaluta als primärer Inhalt des Schuldverhältnisses und rechtlichem Grund zum Behaltendürfen der Leistung für die Dauer der vereinbarten Vertragslaufzeit. Außer bei den Handgeschäften fehlt eine Forderung als primärer Inhalt des Schuldverhältnisses auch bei den sogenannten unvollkommenen Verbindlichkeiten. Ist auf der Grundlage eines Spiels oder einer Wette geleistet worden, kann der Vorteil vom Empfänger nicht aus diesem Grund wegen ungerechtfertigter Bereicherung zurückverlangt werden (§ 762 Abs.1 Satz 1 BGB). Der alleinige primäre Inhalt

---

[51] *Hadding*, FS Kroeschell, S.302

des Schuldverhältnisses ist daher ein bloßer Erwerbsgrund/Empfangsgrund als rechtlicher Grund (causa aquirendi).

b) Rechtlicher Grund nach Berthold Kupisch

Ein anderes Verständnis des Tatbestandsmerkmals „rechtlicher Grund" wird von Berthold Kupisch NJW 1985, 2370 ff. entwickelt. Er ist der Ansicht, dass als Rechtsgrund einer jeden Zuwendung eine zwischen den Parteien selbst angelegte „verpflichtungsfreie Austauschabrede" angesehen werden müsse[52]. Die Forderung, auf die geleistet werde, habe lediglich instrumentale und damit formale Funktion, was sich zum einen darin zeige, dass sie mit der Erfüllung erlösche und zum anderen nur dazu diene, eine Zuwendung dem vereinbarten Zweck entsprechend zu realisieren. Als Beispiel dient Kupisch das Schenkungsversprechen, bei dem – ebenso wie bei der Handschenkung - zwischen den Parteien eine Vereinbarung über die Unentgeltlichkeit der Zuwendung getroffen werde, die einen selbständigen Teil neben der dann zu vollziehenden Übereignung und Übergabe des versprochenen Gegenstandes bilde. Er unterscheidet ebenso beim Kauf zum einen die schlichte verpflichtungsfreie Austauschabrede „Ware gegen Geld", zum anderen die Vereinbarung (Zuwendung) von Ansprüchen, die schlicht die Realisierung des verabredeten Austauschs sichern. Dies alles leitet Kupisch aus bestimmten Quellen des römischen Rechts her.

Dies ist sicherlich im rechtshistorischen Zusammenhang einleuchtend und mag auch seinen Einfluss auf das Verständnis der Kondiktion im gemeinen Recht gehabt haben. Aber auch bei einem etwaigen Einfluss im Rahmen der Entstehungsgeschichte des Bürgerlichen Gesetzbuchs ist doch nicht zu verkennen, dass dieses Verständnis zur rechtsdogmatischen Erklärung des geltenden Rechts wenig beiträgt. Vor allem in systematischer Hinsicht kann das Recht der Erfüllung, das maßgeblich durch den Begriff der Leistung des Schuldners geprägt wird, nur dann einheitlich mit dem Kondiktionsrecht zusammen gesehen und auf einen Nenner gebracht werden, wenn der rechtliche Grund i.S. des § 812 Abs.1 Satz 1 Fall 1 BGB so verstanden wird, wie dies hier vorausgesetzt wird. Der Auffassung Kupischs steht schon entgegen, dass es gerade beim Schenkungsversprechen keine Austauschabrede gibt, die die Realisierung von Ansprüchen sichern soll. Inhalt der rechtsgeschäftlichen Vereinbarung zwischen den Parteien ist die Einigung über die Unentgeltlichkeit der Zuwendung und die dann vollzogene Übergabe und Einigung über den Eigentumsübergang an dem versprochenen Gegenstand. Eine dritte rechtsgeschäftliche Abrede, die als rechtlicher

---

[52] *Kupisch*, NJW 1985, S.2370 ff., 2375; vgl. zur Causa- Lehre auch *Ehmann*, JZ 2003, S.702 ff., 709; *Scheel*, 1988, S.103 ff., *Mazza*, Rechtsgrund und Kondizierbarkeit, 2002

Grund zum Behaltendürfen des Empfangenen dient ist von den Parteien nicht beabsichtigt und wird auch vom Gesetz nicht vorausgesetzt. Bestimmt man den Rechtsgrund einer Leistung wie hier und grenzt ihn von anderen mit der Leistung unter Umständen auch bezweckten wirtschaftlichen Zielen oder Absichten des Leistenden ab, erfasst § 817 Satz 1 BGB, bei dem die sogenannte causa des fraglichen Rechtsgeschäfts einen Inhalt hat, durch den die rechtsgeschäftliche „Annahme" der geplanten Leistung gegen das Gesetz oder gegen die guten Sitten verstößt[53], auch die Fälle der allgemeinen Leistungskondiktion, in denen das Grundgeschäft nach §§ 134 oder §138 BGB nichtig ist.

IV. Ergebnis

Als gesetzliche Regelung für die Lösung der Fälle, in denen die Annahme der Leistung gegen ein gesetzliches Verbot oder gegen die. guten Sitten verstößt, ergibt sich daher folgendes:

Ist ein Vertrag wegen Verstoßes gegen ein gesetzliches Verbot oder gegen die guten Sitten nichtig, bestehen von vornherein keine beiderseitigen Erfüllungsansprüche. Die schon erbrachten Leistungen sind wegen ungerechtfertigter Bereicherung zurückzugewähren. Seit den Gesetzgebungsarbeiten der II. Kommission zur Schaffung eines einheitlichen Bürgerlichen Gesetzbuchs steht die bereicherungsrechtliche Generalklausel an der Spitze des Bereicherungsrechts, die für den Fall der Leistungskondiktion zunächst bestimmte, dass Zuwendungen zurückgefordert werden können, wenn der mit der Leistung bezweckte Erfolg nicht eingetreten ist. Das führte dazu, dass sämtliche Tatbestände von Leistungskondiktionen in einer condictio ob rem aufgingen. Dem steht der insoweit heute eindeutige Wortlaut des § 812 Abs. 1 Satz 1 und Satz 2 BGB entgegen. Nach § 812 Abs. 1 Satz 1 Fall 1 BGB kann eine Zuwendung, die der Erfüllung einer vertraglichen oder gesetzlichen Verbindlichkeit dient, zurückgefordert werden, wenn die Verbindlichkeit nicht besteht, nicht zustande kommt oder später wegfällt. Die allgemeine Leistungskondiktion erfasst damit auch die Fälle, in denen das Verpflichtungsgeschäft wegen Gesetzes- oder Sittenverstoßes nach §§ 134, 138 BGB nichtig ist. Jede Vertragspartei kann daher nach § 812 Abs. 1 Satz 1 Fall 1 BGB (allgemeine Leistungskondiktion) ihre schon erbrachte Leistung wegen Fehlen des rechtlichen Grundes zurückverlangen. Als Anspruchsgrundlage kommt aber auch § 817 Satz 1 BGB (besondere Leistungskondiktion) in Betracht, wenn der Empfänger durch die „Annahme der Leistung" gegen ein gesetzliches Verbot oder gegen die guten Sitten verstoßen hat. Dabei kann die Annahme der Leistung nicht als gegenständliche Entgegennahme verstanden werden. Vielmehr spricht vieles dafür, dass das Mitwirken

---

[53] Vgl. oben S.19

des Empfängers schon bei der schuldrechtlichen Abrede als Annahme der Leistung gemeint ist, weil schwierig vorstellbar ist, dass gerade der bloße Erwerb von Sachen öfters gegen ein gesetzliches Verbot oder gegen die guten Sitten verstößt.

Als Fazit ergibt sich: Für § 817 Satz 1 BGB verbleibt nach der heute geltenden gesetzgeberischen Konzeption kein eigener Anwendungsbereich jenseits der allgemeinen Leistungskondiktion (§ 812 Abs. 1 Satz 1 Fall1 BGB). Die Gesetzesverfasser haben das Problem der Überschneidung von § 817 Satz 1 BGB und § 812 Abs. 1 Satz 1 Fall 1 BGB nicht gesehen, weil als rechtlicher Grund einer jeden Leistung der von den Parteien mit der Leistung vorausgesetzte Zweck, nicht die dem Rechtsgeschäft zugrundeliegende Forderung, auf die geleistet wird, angesehen wurde.

V. Interpretation des § 817 Satz 1 BGB in der Rechtsprechung und Literatur

1. Der Verstoß durch die „Annahme" bei Vollzug der Leistung trotz Gültigkeit des Grundgeschäfts (RGZ 96, 345 ff.)

Es bleibt daher auf die zur Beantwortung gestellte Frage zurückzukommen[54], ob es für einen eigenen Anwendungsbereich des § 817 Satz 1 BGB - wie von der Rechtsprechung vorausgesetzt - Fälle gibt, in denen „trotz Gültigkeit des Kausalgeschäfts und der aus ihm folgenden Leistung die Annahme dieser Leistung gegen ein gesetzliches Verbot oder gegen die guten Sitten verstößt". Dabei ist zu beachten, dass aus den genannten Gründen mit „Zweck der Leistung" im Sinne des § 817 Satz 1 BGB nur der „Geschäftszweck" der schuldrechtlichen Abrede gemeint sein kann, mit anderen Worten z.B. die Tilgungsbestimmung oder der sonstige vereinbarte Erwerbsgrund, der die geplante oder durchgeführte Zuwendung an den Empfänger zur Leistung macht.

Nun kann eine Tilgungsbestimmung oder eine Rechtsgrundabrede, z.B. über die Unentgeltlichkeit der Zuwendung nicht als solche gegen ein gesetzliches Verbot oder gegen die guten Sitten verstoßen. Es kommt vielmehr darauf an, ob die der Tilgungsbestimmung zugrundeliegende schuldrechtliche Vereinbarung einen Inhalt hat, durch den allein die rechtsgeschäftliche Annahme der Leistung gegen ein gesetzliches Verbot oder gegen die guten Sitten verstößt.

---

[54] Siehe oben S.14

a) These Heinrich Honsell's

Honsell führt in seiner Untersuchung zur Rückabwicklung sittenwidriger oder verbotener Geschäfte aus, dass es keine Verträge gibt, bei denen ein (außerhalb des Rechtsgeschäfts) liegender gesetzes- oder sittenwidriger Erfolg bezweckt wird, ohne dass das Kausalgeschäft nach §§ 134,138 BGB nichtig ist[55]. Verfolge der Leistende ein bloß gesetz- oder sittenwidriges Motiv bleibe es für die Wirksamkeit des zivilrechtlichen Geschäfts unbeachtlich. Wenn die Parteien den vom Gesetz missbilligten Leistungszweck kennen, der sittenwidrig oder gesetzlich verboten sein kann, sei das Geschäft immer nach § 134 oder § 138 BGB nichtig, mit der Folge, dass es ein gültiges Grundgeschäft bei beiderseitigem sittenwidrigem Handeln nicht gebe. Zwar sei anerkannt für den Fall des Verstoßes gegen ein gesetzliches Verbot, dass ein Vertrag i.d.R. gültig bleibe, wenn nur eine Partei z.B. gegen ein Strafgesetz verstoßen habe. Es leuchte ein, dass nicht jeder einseitige Verstoß das zivilrechtliche Geschäft nichtig mache, sonst wäre jede Strafnorm lex plusquam perfecta. Es komme, wie sich schon aus § 134 BGB ergebe, auf den Zweck der Verbotsnorm an. Dabei sei das Geschäft nach ständiger Rechtsprechung regelmäßig nicht nichtig, „ wenn das gesetzliche Verbot nur die eine Seite der Beteiligten in ihren Handlungsweisen beeinflussen und vom Abschluss des Vertrages abhalten wolle". Nichtig sei es dagegen, wenn sich das Verbot gegen beide Teile richte.

Im Einzelfall könne indessen auch bei nur einseitigem Verbot aus dem Zweck des Verbotsgesetzes die Nichtigkeit des verbotenen Rechtsgeschäftes zu folgern sein. Als einen solchen Fall sieht Honsell auch den für einen eigenen Anwendungsbereich des § 817 Satz 1 BGB viel zitierten Fall der Beamtenbestechung[56] an. Das an den Beamten gerichtete Verbot richte sich wenigstens mittelbar gegen das ganze Geschäft. Im übrigen gelte auch hier der Satz des Reichsgerichts, dass die Kenntnis einer unsittlichen oder verbotswidrigen Zwecksetzung das Geschäft jedenfalls dann nichtig mache, wenn eine Billigung, Förderung oder Ausnutzung der gegnerischen Zwecke hinzukomme. Mit Recht halte es Flume[57] daher für selbstverständlich, dass das Versprechen, dessen Entgegennahme für den Beamten nach § 331 StGB strafbar sei, zivilrechtlich nicht gelten könne. Für die das Handgeschäft begleitende Zweckvereinbarung könne nichts anderes

---

[55] *Honsell*, 1974, S.33 f; *Larenz/Canaris* § 68 I 6; *Reuter/Martinek* § 5 V, S.178 „Sofern man überhaupt eine Sittenwidrigkeit bejaht, bezieht sie sich in diesen Fällen wohl nicht allein auf die Annahme der Leistung, sondern auch auf das Grundgeschäft"; unter Vorbehalt *Fikentscher*, SchuldR, § 99 I 6 Rdnr.1111; *Esser/Weyers* § 49 III, S.69

[56] Hierzu RGZ 58, 204 ff. unter Hinweis auf weitere Paradebeispiele zu § 817 Satz 1 BGB: der Erpressung, auch schon die bloße Annahme von Geldern zur Unterlassung von Strafanzeigen (ohne Erpressung)

[57] *Flume*, Allg. Teil, § 17, 3, S.345; ebenso *Larenz*, Allg Teil § 28 II, S.426; *Honsell*, 1974, S.34 dort (Fn. 11)

gelten. Das Geschenk, das einem Beamten in der Absicht gegeben werde, ihn zu einer Amtshandlung zu bewegen, dürfe nicht isoliert als gültige Schenkung betrachtet werden. Nehme man aber die Zwecksetzung hinzu, so verstoße das Geschäft gegen den Zweck des § 331 StGB und sei nach § 134 BGB nichtig. Gerade das Versprechensgeschäft mache dies deutlich oder solle wirklich der Beamte einen Anspruch auf den vereinbarten Lohn haben ?

Dem ist zuzustimmen. Dass bei der Vorteilsannahme oder Bestechlichkeit von Amtsträgern oder einem für den öffentlichen Dienst besonders Verpflichtetem schon das schuldrechtliche Geschäft nichtig ist, ergibt sich aus den in § 331 (Vorteilsannahme) und § 332 StGB (Bestechlichkeit) normierten Straftatbeständen. Ebenso wie in § 331 StGB reicht für den (vollendeten) Tatbestand der Bestechlichkeit nach § 332 StGB aus, dass der Amtsträger einen Vorteil fordert oder sich versprechen lässt. Von der Appell- und Straffunktion des Tatbestandes ist also nicht allein die dingliche Erfüllung, das heißt z.B. die Übereignung von Geld erfasst, sondern schon das Sichversprechenlassen der Leistung. Dabei ist für die Vorteilsannahme nach § 331 StGB nicht erforderlich, dass der Amtsträger oder ein für den öffentlichen Dienst besonders Verpflichteter seine Dienstpflichten verletzt. Allein die Forderung eines Vorteils für eine, wenn auch rechtmäßige Dienstausübung ist geeignet, den Anschein des „bösen Scheins der Bestechlichkeit" zu erwecken. Folglich verstößt schon der schuldrechtliche Vertrag über die Annahme eines Vorteils für eine bereits begangene oder künftig vorzunehmende Diensthandlung gegen § 331 und § 332 StGB. Auf die Erfüllung, die erst recht und ebenfalls ausdrücklich von den Straftatbeständen der §§ 331, 332 StGB erfasst ist, kommt es nicht mehr an. Zwar folgt daraus nicht notwendigerweise auch die zivilrechtliche Ungültigkeit des Rechtsgeschäfts. Nach der Rechtsprechung des Reichsgerichts[58] und des Bundesgerichtshofs[59] setzt die Unwirksamkeit des zivilrechtlichen Geschäfts wegen Verstoßes gegen ein gesetzliches Verbot voraus, dass sich das gesetzliche Verbot gegen beide Parteien eines Vertrages richtet. Dazu enthalten aber die §§ 333 und 334 StGB entsprechende Tatbestände der Vorteilsgewährung und Bestechung auf seiten des Anbietenden, wobei wiederum für einen vollendeten Tatbestand ausreicht, dass der Täter einem Amtsträger oder einem für den öffentlichen Dienst besonders Verpflichtetem einen Vorteil anbietet oder verspricht.

Dabei ist der Fall der Beamtenbestechung nicht nur ein Fall des Verstoßes gegen ein gesetzliches Verbot, sondern auch und vor allem ein Fall des Verstoßes gegen die guten Sitten. Sieht man schon in der schuldrechtlichen Abrede über die

---

[58] RGZ 60, 273, 276 f.
[59] BGHZ 37, 258, 261 ; 37, 363, 365 f.; 46, 24,26; 53, 152, 156 f.; 71, 358, 360 f.; 78, 263, 265; 78, 269, 271; 85, 39, 43 f.; 93, 246, 267; 111, 308; BGH NJW 1984, 230, 231; NJW 1984, 1175

Unentgeltlichkeit der Leistung für eine Amtshandlung des Beamten die Sittenwidrigkeit zur „Vermeidung des bösen Scheins einer Beamtenbestechung", verstößt diese schuldrechtliche Abrede gegen die guten Sitten. Diese Rechtsgeschäfte haben damit schon ihrem objektiven Inhalt nach strafrechtlichen Charakter und widersprechen damit sittlich-rechtlichen Grundsätzen, mit der Folge, dass sie nach § 138 BGB nichtig sind.

Legt man die „Annahme" im Sinne des § 817 Satz 1 BGB so aus, dass allein die rechtsgeschäftliche Einigung und Übergabe des für die Amtshandlung gewährten Vorteils gegen die guten Sitten verstoßen muss[60], kann gegen die Nichtigkeit auch des Grundgeschäfts geltend gemacht werden, dass im deutschen Recht das Abstraktionsprinzip gilt, nach dem die Unwirksamkeit des schuldrechtlichen Geschäfts die Wirksamkeit des dinglichen Rechtsgeschäfts grundsätzlich nicht berührt. Danach wäre nur die zwischen den Parteien vorliegende Absprache nichtig, nicht jedoch die Geldübergabe, die, für sich betrachtet, noch als wertneutral angesehen werden kann. Es gibt jedoch Fälle, in denen unter Durchbrechung des Abstraktionsprinzips die Nichtigkeit des schuldrechtlichen Geschäfts auf das dingliche Rechtsgeschäft „durchschlägt"[61]. Das ist dann der Fall, wenn wie hier gerade die Vermögensverschiebung selbst verhindert werden soll. Der Zweck der Nichtigkeit kann in diesem Fall nur dann erreicht werden, wenn auch die Übereignung unwirksam ist. Demnach sind schuldrechtliche Verträge, die auf die Zahlung von Bestechungsgeldern gerichtet sind, auch nach § 138 Abs.1 BGB nichtig, da sie gegen die guten Sitten verstoßen. Die rechtlich davon zu trennende Übereignung wird im Wege der Fehleridentität von der schuldrechtlichen Nichtigkeit erfasst.

Die Zahlung von Bestechungsgeld an einen Beamten bildet daher keinen Fall, in dem allein der Empfänger durch die Annahme des Geldes trotz Gültigkeit des Kausalgeschäfts gegen die guten Sitten verstößt

Fraglich ist, ob es einen solchen Fall für die Alternative des Verstoßes gegen die guten Sitten überhaupt geben kann. Um dies beantworten zu können, ist es zunächst erforderlich, näher auf die Frage einzugehen, wann Rechtsgeschäfte wegen Verstoßes gegen die guten Sitten nach § 138 BGB nichtig sind.

---

[60] So AG Offenbach NJW-RR 1992, S.1204 f.
[61] Vgl. zur sogenannten „Fehleridentität" Soergel-*Hefermehl*, § 134 Rdnr. 11

b) Sittenwidrigkeit von Rechtsgeschäften

Ein Rechtsgeschäft ist nach ständiger Rechtsprechung[62] sittenwidrig, wenn es nach seinem aus der Zusammenfassung von Inhalt, Beweggrund und Zweck zu entnehmenden Gesamtcharakter mit den guten Sitten unvereinbar ist. Das gilt nicht nur für das schuldrechtliche Verpflichtungsgeschäft, sondern auch für die abstrakte Verfügung. Zwar kann die abstrakte Verfügung nicht als solche wegen ihres abstrakten Inhalts gegen die guten Sitten verstoßen. Das führt aber nicht dazu, dass die abstrakte Verfügung in jedem Fall ein sittlich-rechtlich neutrales Geschäft ist. Auf Grund seines sich nach Inhalt, Zweck und Beweggrund bestimmenden Gesamtcharakters kann auch eine Verfügung als solche gegen die guten Sitten verstoßen. Die Rechtsprechung nimmt dies für die Fälle an, in denen die Sittenwidrigkeit gerade „im Erfüllungsgeschäft" oder „im Vollzug der Leistung"[63] liegt. Indessen ist mit dieser Leerformel nichts gewonnen. Bei Durchsicht des einschlägigen Fallmaterials sind dies die Fälle, in denen die mit der Vornahme eines Rechtsgeschäfts erstrebte *Rechtsfolge* wegen des mit ihr verfolgten sittenwidrigen Zwecks keine rechtliche Anerkennung finden soll, sei es bei einem einseitigen Sittenverstoß zum Schutz der anderen Vertragspartei[64], sei es bei einem beiderseitigen Sittenverstoß zum Schutz Dritter[65] oder der Allgemeinheit[66].

Das zeigt, dass es Fälle gibt, in denen es entscheidend auf die Beseitigung der *Folgen* eines sittenwidrigen Rechtsgeschäfts ankommt, so dass der Nichtigkeitsgedanke stärker ist als die abstrakte dingliche Erfüllung oder eben stärker sein kann als der unter Umständen auf der bereicherungsrechtlichen Ebene zur Aufrechterhaltung rechtswidriger Zustände führende § 817 Satz 2 BGB, was noch zu erörtern bleibt.
Der unbestimmte Rechtsbegriff der guten Sitten auf der Tatbestandsseite, der keine rationale Erkenntnis ermöglicht, erfordert dabei eine nachvollziehbare Begründung, damit die notwendige Kontrolle bei Auslegung und Anwendung der Norm des § 138 BGB gewährleistet ist. Im Interesse der Rechtssicherheit, insbesondere der Voraussehbarkeit einer Entscheidung, wurden dazu typische Tatbestände der Sittenwidrigkeit gebildet und Richtlinien für die Beurteilung typischer Fälle entwickelt[67]. Die Struktur der Entscheidungsfindung orientiert sich

---

[62] RGZ 98, 78; 120, 148; 150, 1,3; BAG NJW 1976, 1958; BGHZ 106, 269, 272; BGH WM 1994, 1064, 1070

[63] Vgl. etwa RGZ 145, 152, 154

[64] Vgl. etwa RGZ 93, 27, 30; 113, 1,5; 114, 338, 341; 118, 361; 120, 144, 149; BGHZ 50. 63, 70; BGH WM 1964, 1086 f.; 1966, 495 f.

[65] Vgl. RGZ 78, 347, 353; 140, 184, 190; BGH WM 1964, 1087 f.

[66] RGZ 123, 208, 211; BGHZ 36, 359, 398

[67] Vgl. dazu Soergel-*Hefermehl* § 138 Rdnr.70 ff., 168 ff., 194 ff.

dabei an einem Sittenverstoß *beider Vertragsparteien* bzw. einem *Sittenverstoß nur einer Partei*. Die Rechtsprechung orientiert sich weiterhin an Fallgruppen inhaltlicher Art, die nicht versuchen, nach formalen Kriterien die Frage, wann ein Rechtsgeschäft wegen Verstoßes gegen die guten Sitten nichtig ist, zu beantworten[68].

aa) Sittenwidriges Handeln beider Parteien

Handeln beide Parteien nach Inhalt, Zweck oder Beweggrund des Vertragsschlusses sittenwidrig, ist das Rechtsgeschäft immer nach § 138 Abs.1 BGB nichtig. Für diese Nichtigkeit ist unbeachtlich, ob schon der Inhalt des Rechtsgeschäfts oder erst ein außerhalb des Rechtsgeschäfts liegender Erfolg oder die bloße Mitwirkung des Empfängers an der schuldrechtlichen Abrede gegen die guten Sitten verstößt[69]. Die weite Ausdehnung der Ungültigkeit des Grundgeschäfts auf Inhalt, Zweck und Beweggrund führt dazu, dass es einen Fall, in dem beide Parteien einen Inhalt vereinbaren, durch den allein der Empfänger durch die rechtsgeschäftliche „Annahme" der Leistung gegen die guten Sitten verstößt, das Grundgeschäft jedoch gültig ist, nicht gibt.

bb) Einseitig sittenwidriger Beweggrund nur des Leistungsempfängers.

Dagegen ist ein nur einseitig sittenwidriges Motiv des Leistungsempfängers oder auch des Leistenden selbst für die Wirksamkeit des zivilrechtlichen Geschäfts unbeachtlich[70]. Die Wirksamkeit führt dazu, dass nicht kondiziert werden kann, es sei denn, man lässt eine Kondiktion nach § 817 Satz 1 BGB auch dann zu, wenn schon gesetzes- oder sittenwidrige Motive den Empfänger zum Abschluss des Rechtsgeschäfts bewogen haben. Man würde § 817 Satz 1 BGB damit als einen Fall begreifen, der Motive und Beweggründe des Empfängers rechtlich bewertet. Dies würde bedeuten, unter § 817 Satz 1 BGB auch all die Fälle zu subsumieren, in denen sittenwidrige Motive oder Beweggründe den Empfänger zum Abschluss eines an sich neutralen schuldrechtlichen Geschäfts bewogen haben. Dagegen spricht, dass Motive und Beweggründe im System des Bürgerlichen Rechts grundsätzlich unbeachtlich sind , solange sie nicht rechtsgeschäftlich Ausdruck gefunden haben. Darüber hinaus legt der Wortlaut des § 817 Satz 1 BGB, in dem es heißt, „war der Zweck einer Leistung in der Art *be-*

---

[68] Vgl. dazu für die Frage, wann ein Rechtsgeschäft wegen Verstoßes gegen ein gesetzliches Verbot nichtig ist *Canaris*, Gesetzliches Verbot und Rechtsgeschäft, 1983, S. 20 ff.; *Kramer*, Der Verstoß gegen ein gesetzliches Verbot und die Nichtigkeit von Rechtsgeschäften (§ 134 BGB), Diss. Mainz 1976, S. 72 ff. und Soergel-*Hefermehl* § 138 Rdnr.62 ff. und Rdnr.142 ff.

[69] Vgl. RGZ 78, 347, 353; 140, 184, 190; 150, 1; BGHZ 53, 369, 375 f.; BGH WM 1964, 1087 f.; 1966, 495 f.; 1968, 1572 ff.

[70] RG JZ 1926, 2918; RGZ 114, 338, 341;

stimmt..." nahe, dass der vom Gesetzgeber missbilligte Leistungsaustausch im Zusammenhang mit einem irgendwie nach dem Vertrag vorausgesetzten Willen der Parteien gestanden haben muss, und nicht nur auf einseitige Motive einer Partei zurückgeht. Auch insofern ist § 817 Satz 1 BGB also nicht einschlägig.

cc) Handlungen, die für sich betrachtet sittlich neutral sind, deren Zusage aber nach § 138 BGB nichtig ist, weil sie nicht zum Gegenstand eines Geschäfts gemacht werden dürfen.

Ein Fall, in dem allein der Empfänger durch die Annahme der Leistung gegen die guten Sitten verstößt, das Grundgeschäft jedoch gültig ist, kommt weiterhin in den Fällen in Betracht, in denen die versprochene Handlung an sich sittlich neutral ist, die aber nach § 138 Abs. 1 BGB nicht zum Gegenstand eines Geschäfts, d.h. nicht von der Erbringung einer Gegenleistung abhängig gemacht werden darf. Der Vorwurf der Sittenwidrigkeit wird hier durch die Verknüpfung einer Handlung mit einer materiellen Gegenleistung begründet. Nach früherer Rechtsprechung wurde hierunter insbesondere der Fall der Beamtenbestechung gezählt, wenn die in öffentlichen Diensten stehenden Person eine Belohnung für eine Handlung annahm, zu der sie ohnehin vorzunehmen oder zu unterlassen verpflichtet war. Hierher gehören aber auch Schweige[71] und Schmiergelder[72], der Titel- und Ordensschacher[73], Geldzuwendungen für die Zustimmung zur Ehescheidung oder zum Getrenntleben[74], für Religionswechsel, sowie das Abkaufen von Erziehungsrechten[75], für die Ausübung oder den Verzicht auf das Zeugnisverweigerungsrecht[76] oder die Nichtbeteiligung an sportlichen Wettkämpfen[77]. Fraglich ist aber schon, ob es sich um Fälle handelt, in denen allein der Empfänger durch die Annahme der Leistung gegen die guten Sitten verstoßen hat, wenn sich der Leistende der im Vollzug der Leistung sich offenbarenden Unsittlichkeit bewusst war. Darüber hinaus ist in all diesen Fällen auch die schuldrechtli-

---

[71] RGZ 58, 204; OLG München SA 77 Nr. 58 = JW 22, 128; RG Recht 1908 Nr. 3598; KG OLGE 22, 193

[72] BAG NJW 1961, S.2063; BGHZ 39, 1

[73] BGH NJW 1994, S.187 „Honorarkonsul", s. dazu *Hospach*, NJW 1996, S.643 ff.

[74] RGZ 145, 152 ff. (Grundstück für Zustimmung zur Ehescheidung, ohne Erwähnung des § 817 Satz 2 BGB)

[75] Religionswechsel: RG SA 69 Nr. 48 und KG HRR 33, 1830; Erziehungsrechte: Warn. Rspr. 1913 NR.183

[76] RGZ 73, 371 ff.; zum Missbrauch des Zeugnisverweigerungsrecht *Wilburg*, S.487, der den Kondiktionsausschluß ablehnt.

[77] RGZ 138, 137 ff. (Zuwendung, damit sich ein gefährlicher Konkurrent nicht an einem Pferderennen beteiligt)

che Abrede nach § 138 BGB nichtig, mit der Folge, dass schon das schuldrechtliche Verpflichtungsgeschäft nichtig ist.

dd) In der Person des Empfängers liegende Umstände, die zur Rückforderung berechtigen

Sind einseitig sittenwidrige Motive des Leistungsempfängers für die Wirksamkeit des schuldrechtlichen Geschäfts, aber auch für die Rückforderung nach § 817 Satz 1 BGB aus den genannten Gründen unbeachtlich, so sind doch Fälle denkbar, in denen allein in der Person des Empfängers liegende Umstände den Leistenden zur Rückforderung berechtigen können. § 817 Satz 1 BGB würde – dies vorausgesetzt - als ein Fall anzusehen sein, in dem in der Person des Empfängers liegende Umstände die Herausgabe an den Leistenden rechtfertigen, etwa wenn er eine Monopolstellung mißbraucht um dem Schuldner eine Leistung abzunötigen. Larenz hat zur Vorschrift des § 817 Satz 1 BGB schlicht darauf hingewiesen, dass man die Vorschrift auch mit dem einfachen Gedanken erklären kann, dass der Empfänger nicht behalten solle, was er nicht erlangen durfte[78], wobei zu untersuchen bleibt, ob der Grund für die Herausgabe des Erlangten auch in der Person des Empfängers liegen kann.

Fraglich ist, wie sich ein solches Verständnis vom Anwendungsbereich des § 817 Satz 1 BGB in das geltende System des Bürgerlichen Rechts einordnen läßt. Bei § 138 BGB geht es grundsätzlich um die Sittenwidrigkeit des Rechtsgeschäfts, nicht des Handelns der Beteiligten selbst. Der Bundesgerichtshof betont in ständiger Rechtsprechung[79], dass Umstände, Auswirkungen, Zweck oder Beweggründe nur dann die Sittenwidrigkeit des Rechtsgeschäfts als solchem bewirken können, wenn sie diesem ein sittenwidriges Gesamtgepräge geben. Ist ein Vertrag nur auf sittenwidrige Weise zustande gekommen, z. B. durch Täuschung oder Drohung, so folgt daraus nicht, dass der Vertrag selbst nach Inhalt, Zweck und Beweggrund sittenwidrig ist. Täuschung und Drohung des Vertragspartners sind zwar sittenwidrige Handlungen, beziehen sich aber lediglich auf den Abschluss des Vertrages. Ein durch sie zustande gekommenes Rechtsgeschäft ist nicht nichtig, sondern lediglich anfechtbar (§ 123 BGB).

Nur das kann gemeint sein, wenn das Reichsgericht in RGZ 96, 345 den Rechtssatz aufstellt, § 817 Satz 1 BGB solle für alle die Fälle gelten, in denen „trotz Gültigkeit des Grundgeschäfts und der aus ihm folgenden Leistung die Annahme dieser Leistung gegen ein Verbot verstößt und unsittlich ist".

---

[78] *Larenz*, SchuldR II, § 69 III b, S. 425
[79] Vgl. RGZ 150, 1, 5; BGH NJW 1968, 1572 ff.; BGHZ 53, 369, 376

Bei Durchsicht der einschlägigen Fälle ergab sich allerdings nur ein Sachverhalt, bei dem § 817 Satz 1 BGB auf ein gültiges Rechtsgeschäft angewendet wurde. Die Entscheidung betraf einen Sachverhalt, in dem in der Person des Empfängers der Leistung zugleich auch die Voraussetzungen für einen Schadensersatzanspruch nach § 826 BGB vorlagen. § 817 Satz 1 BGB diente als bereicherungsrechtliches Spiegelbild zu § 826 BGB im Deliktsrecht. Der Entscheidung des Landgerichts Hanau lag folgender Sachverhalt zugrunde:

Landgericht Hanau NJW-RR 1999, 1142- 1143

Ein Gasversorgungsunternehmen hatte den Abschluss eines Versorgungsvertrages mit dem Nachfolger von Geschäftsräumen davon abhängig gemacht, dass dieser die offenen Schulden seines Vorgängers begleicht. Das Gasversorgungsunternehmen als Klägerin verlangte die restliche Vergütung für die Belieferung der Beklagten mit Gas. Die Beklagte rechnete in gleicher Höhe mit einer Forderung gegen die Klägerin auf, die sie auf ungerechtfertigte Bereicherung stützte. Der Geschäftsführer der Vorgängerin, einer GmbH, und der Geschäftsführer der Beklagten waren personenidentisch. Der Geschäftsführer der Beklagten zahlte die geforderte Summe der Vorgängerin unter Vorbehalt, wobei die Klägerin erklärte, sie nehme nur Zahlungen der Vorgängerin entgegen.

Das Landgericht wies die Klage des Versorgungsunternehmens auf Zahlung der restlichen Vergütung für die Belieferung mit Gas ab, weil der Anspruch aus dem Versorgungsvertrag gegen die Beklagte durch eine Aufrechnung der Beklagten mit einem begründeten Gegenanspruch erloschen sei. Der Beklagten stehe eine Anspruch aus § 817 Satz 1 und § 826 zu, weil die Klägerin durch die Annahme der Zahlung gegen die guten Sitten verstoßen habe. Den Sittenverstoß sah das Gericht darin, dass die Klägerin den Abschluss eines Versorgungsvertrages mit der Beklagten von der Zahlung des Betrages der Vorgängerschuld abhängig gemacht hatte, obwohl die Beklagte zur Begleichung dieser Schulden nicht verpflichtet und die Klägerin aufgrund des Kontrahierungszwangs aus § 6 I EnWG a.F.[80] verpflichtet war, ohne weiteres mit der Beklagten einen Versorgungsvertrag abzuschießen. Das Gericht vertrat die Ansicht, dass sich die Klägerin unter Ausnutzung einer Zwangslage der Beklagten und ihrer eigenen Monopolstellung einen Vorteil gegenüber anderen Gläubigern verschafft habe, indem sie sich eine Schuld von einem Dritten, der Beklagten, bezahlen ließ, obwohl sie zu dessen Belieferung gesetzlich verpflichtet war.

---

[80] § 10 EnWG vom 24.4.1998 (BGBl. 1998, 370)

Häufiger als dieser ganz singuläre Fall, in dem allein die „Annahme" der Leistung gegen die guten Sitten verstößt, das Grundgeschäft dennoch gültig ist, sind jedoch die Fälle, in denen auch die dem Leistungsaustausch zugrunde liegende schuldrechtliche Vereinbarung einen Inhalt hat, der sittenwidrig und damit nichtig ist oder das sittenwidrige Handeln eines Beteiligten für die Nichtigkeit nach § 138 BGB ausreicht, weil dieser die Zwangslage oder Unerfahrenheit seines Vertragsgegners zu eigenem Vorteil für sich ausnutzt. In Weiterentwicklung des Rechtsgedankens des § 138 Abs. 2 BGB ist das stets dann anzunehmen, wenn das sittenwidrige Handeln des einen Vertragsteils gerade in seinem Verhalten gegenüber dem anderen Vertragsteil liegt, das sittenwidrige Handeln sich demnach unmittelbar gegen den Vertragspartner richtet[81].

Beispielhaft soll hier die Entscheidung des Amtsgerichts Offenbach[82] genannt werden, in der es das Gericht als einen solchen *zusätzlichen und alleinigen Sittenverstoß* ansah, dass der Empfänger einer Schmiergeldzahlung die Unerfahrenheit seines Partners im Zusammenhang mit der Beschaffung einer Aufenthaltserlaubnis ausnutzte, und irgendwelche veranlassende, aber versprochene Tätigkeiten nicht unternahm.

AG Offenbach NJW-RR 1992, S. 1204 ff.

Im Fall des Amtsgerichts Offenbach ging es um die Rückforderung von 5000 DM, die der Beklagte dafür angenommen hatte, dem Kläger eine Aufenthaltserlaubnis zu verschaffen. Von den 5000 DM waren 3500 DM nach den Behauptungen des Beklagten für den „Mann bei der Polizei" bestimmt. Der Kläger erhielt die Aufenthaltserlaubnis nicht. Zur Überzeugung des Gerichts stand fest, dass der Beklagte seinen Landsmann, der als Neuankömmling in Deutschland mit den hiesigen Verhältnissen noch nicht vertraut war, überlistet und ihn nicht auf das ordnungsgemäße Verfahren hingewiesen habe. Durch diesen zusätzlichen und alleinigen Sittenverstoß des Beklagten sah das Gericht die Voraussetzungen für einen Anspruch des Klägers gegen den Beklagten allein aus § 817 Satz 1 BGB als erfüllt an[83], obwohl beide Parteien gesetzeswidrig gehandelt hatten. Allerdings sollte nach Ansicht des Gerichts wegen dieses zusätzlichen Sittenverstoßes allein auf Seiten des Beklagten auch das Rückforderungsverbot des § 817 Satz 2 BGB nicht eingreifen.

---

[81] Vgl. dazu BGHZ 50, 63, 70
[82] AG Offenbach NJW 1992, S.1204 ff.
[83] Ebenso OLG Hamm, NJW 1986, S. 2441 f.

Auf dieser Rechtsprechungslinie liegen auch die Entscheidungen des Bundesgerichtshofs[84] zur Adoptionsvermittlung zum Zweck des Erwerbs eines Adelstitels. Ist das Verhalten des potentiellen Titelverschaffers deliktsrechtlich relevant, fällt die Sittenwidrigkeit des Gebers nicht mehr ins Gewicht[85]. Er erhält die vorausgezahlte Summe als Schadensersatz zurück[86]. Die nach hier vertretener Ansicht eigentlich dem Sondergebiet des § 817 Satz 1 BGB zugewiesenen Fälle werden dabei immer als solche der Ausnahmen vom Rückforderungsverbot des § 817 Satz 2 BGB behandelt.

Ein Beispiel soll dies verdeutlichen:

BGH NJW 1992, S.310 ff.

Der VIII. Zivilsenat des Bundesgerichtshofs hatte am 8. Oktober 1991 über die Klage auf Kaufpreisrückzahlung der Klägerin für ein gestohlenes Fahrzeug zu entscheiden. Der erkennende Senat bejahte die Nichtigkeit des Vertrages nach § 138 Abs. 1 BGB, weil der Zeuge P. der Klägerin und Käufer des Fahrzeugs Nachforschungen zu dem im Kraftfahrzeugbrief eingetragenen Halter, der nicht identisch war mit dem Verkäufer, unterlassen hatte. Als erste Anspruchsgrundlage auf Kaufpreisrückzahlung kam § 812 Abs. 1 Satz 1 Fall 1 BGB (allgemeine Leistungskondiktion) in Betracht, der aber der Beklagte erfolgreich das Rückforderungsverbot des § 817 Satz 2 BGB entgegenhalten konnte. Weiterhin prüfte der erkennende Senat einen Anspruch aus § 826 BGB, bejahte eine arglistige Täuschung des Zeugen P. durch den Beklagten, und führt weiter aus, dass diesem deliktischen Anspruch das Rückforderungsverbot des § 817 Satz 2 BGB nicht entgegengehalten werden könne.

Bei dieser Entscheidung bleibt folgendes zu beachten:

Hier fiel dem beklagten Hehler ein alleiniger und zusätzlicher Sittenverstoß zur Last, indem er den Käufer über die Herkunft des Fahrzeugs und über die Eigentumsverhältnisses arglistig getäuscht hatte. Das hat zur Folge, dass der Kläger, der den Kaufpreis auf die nach § 138 Abs. 1 BGB nichtige Forderung aus § 433 Abs. 2 BGB geleistet hat, schon aus § 817 Satz 1 BGB die Herausgabe des Geldes vom Beklagten als Empfänger der Leistung hätte verlangen können. Ein Anspruch aus § 817 Satz 1 BGB wurde in der Entscheidung jedoch nicht geprüft. Stattdessen kann sich der beklagte Hehler mit Erfolg gegen die Forderung auf

---

[84] BGH NJW 1997, 47, 48
[85] Vgl. hierzu auch RGZ 58, 204 ff. (Erpressung zur Unterlassung von Strafanzeigen)
[86] OLG Koblenz NJW 1996, 665; *Hospach* NJW 1996, 643; aA OLG Köln NJW-RR 1994, 1540, 1542, Überblick bei *Weiler* NJW 1997, 1053

Kaufpreisrückzahlung auf § 817 Satz 2 BGB berufen, das heißt in diesem Verhältnis zum zahlenden Käufer und Kläger soll er „Leistender" im Sinne des § 817 Satz 2 BGB sein. Zum Käufer des gestohlenen Fahrzeugs ist er aber nur Leistender im Verhältnis der gegen ihn gerichteten Forderung aus § 433 Abs. 1 BGB auf Übergabe und Einigung über den Eigentumsübergang. Nur aus Sicht des Käufers und Gläubigers dieser Forderung aus § 433 Abs. 1 BGB ist der Beklagte Leistender im Sinne des § 817 Satz 2 BGB und damit seine Forderung auf Herausgabe des geleisteten Fahrzeugs nach § 817 Satz 2 BGB ausgeschlossen. Der Käufer kann daher den schon gezahlten Kaufpreis aus § 817 Satz 1 BGB in Anspruchskonkurrenz zu §§ 823 Abs. 2 iVm § 263 StGB sowie § 826 BGB herausgegeben verlangen, wohingegen die Forderung des Beklagten auf Rückgabe des geleisteten Fahrzeugs wegen seines zusätzlichen Sittenverstoßes nach § 817 Satz 2 BGB ausgeschlossen ist.

Damit ist aber auch klar, dass § 817 Satz 1 und Satz 2 BGB sich nicht gegenseitig bedingen, dergestalt, dass sowohl dem Empfänger als auch dem Leistenden „gleichfalls" ein weitergehender alleiniger oder zusätzlicher Gesetzes- oder Sittenverstoß zur Last fallen kann. Verstößt der Empfänger der Leistung allein und zusätzlich durch die Annahme der Leistung gegen die guten Sitten, kann dem Leistenden „gleichfalls" kein solcher Verstoß zur Last fallen. Eine inhaltliche Überschneidung ergibt sich zwischen Satz 1 und Satz 2 nicht. Vielmehr gibt es keinen Fall, der sowohl unter Satz 1 als auch unter Satz 2 der Vorschrift fällt[87]. Eine gemeinsame Schnittmenge besteht nur zwischen § 817 Satz 2 BGB und der allgemeinen Leistungskondiktion, die auch die Fälle erfasst, in denen das Grundgeschäft nach § 134 oder § 138 BGB nichtig ist. Die durch § 817 Satz 2 BGB ausgeschlossenen Kondiktion ist damit immer und nur eine solche nach § 812 Abs. 1 Satz 1 Fall 1 BGB[88].

Als Ergebnis bleibt festzuhalten:

Es sind durchaus Fälle denkbar, in denen allein in der Person des Empfängers liegende Umstände den Empfang der Leistung sittenwidrig macht, die Gültigkeit des Grundgeschäfts davon jedoch unberührt bleibt[89]. Es sind dies die Fälle der Täuschung und Drohung des anderen Teils, der das Grundgeschäft lediglich an-

---

[87] So auch *Honsell*, 1974, S.139 nach Untersuchung der geschichtlichen Grundlagen des § 817 Satz 1 BGB: „Auch besteht kein innerer Zusammenhang zwischen dem Empfängerverstoß (Gruppe „Deliktsvermeidung") und dem beiderseitigen Verstoß (Gruppe „Deliktsanstiftung"). Ist der Tatbestand des § 817 Satz 1 BGB gegeben, so kommt der Kondiktionsausschluß nicht in Betracht."

[88] Siehe dazu unten S.93 ff.

[89] So auch Soergel-*Mühl* § 817 Rdnr.3 , *Larenz /Canaris*; SchuldR II/2 § 68 III 3 a; aA *Honsell*, 1974, S.34

fechtbar und nicht nichtig macht. Würde man § 817 Satz 1 BGB allerdings auf diese ganz singulären Fälle beschränken, wäre er nahezu bedeutungslos.

Zahlreicher sind die Fälle, in denen auch das schuldrechtliche Verpflichtungsgeschäft von der Nichtigkeit erfasst ist, dem Empfänger darüber hinaus jedoch ein weitergehender zusätzlicher und alleiniger Sittenverstoß zur Last fällt, der den Leistenden zur Rückforderung berechtigt. Es sind dies die Fälle, in denen das sittenwidrige Handeln des einen Vertragsteils gerade in seinem Verhalten gegenüber dem anderen Teil liegt und der Leistende auch einen Anspruch neben § 817 Satz 1 BGB aus § 826 BGB oder § 823 Abs.2 iVm § 263 StGB gegen den Empfänger der Leistung hat.

Aufgrund der geschichtlichen Entwicklung und der von der II. Kommission vorgenommenen falschen Weichenstellung ist es sinnvoll, hier § 817 Satz 1 BGB ein eigenes Sondergebiet zuzuweisen. Damit wäre auch klar, dass § 817 Satz 2 BGB auf diese so von § 817 Satz 1 BGB erfassten Fälle keine Anwendung finden kann. Ein Fall, in dem „gleichfalls" dem Leistenden ein zusätzlicher und alleiniger Sittenverstoß zur Last fällt, ist nicht denkbar. § 817 Satz 1 BGB und § 817 Satz 2 BGB schlössen sich damit wechselseitig aus. Der Rückforderungsausschluss des § 817 Satz 2 BGB wäre immer und nur ein solcher der allgemeinen Leistungskondiktion nach § 812 Abs.1 Satz 1 Fall 1 BGB.

c) Die Nichtigkeit von Rechtsgeschäften wegen Verstoßes gegen ein gesetzliches Verbot

Es bleibt auf die Alternative des Gesetzesverstoßes zurückzukommen, bei der nach der Auffassung der Rechtsprechung die Annahme der Leistung gegen ein gesetzliches Verbot verstößt, das schuldrechtliche Geschäft jedoch seine Gültigkeit behält und hierin der eigene Anwendungsbereich des § 817 Satz 1 BGB zu sehen sein soll. Ihre Berechtigung erhält diese Auffassung dadurch, dass die Fälle des einseitigen Verstoßes des Empfängers gegen eine gesetzliches Verbot durch die Annahme der Leistung zahlreicher sind als die Fälle des nur einseitigen Verstoßes gegen die guten Sitten.

aa) Der Adressat des gesetzlichen Verbots

Seit der Entscheidung des Reichsgerichts aus dem Jahr 1905[90] richtet sich die Frage der Nichtigkeit eines Rechtsgeschäfts wegen Verstoßes gegen ein gesetzliches Verbot (§ 134 BGB) nach dem Adressaten des gesetzlichen Verbots: Richtet sich dieses gegen beide Parteien eines Vertrages, tritt grundsätzlich Nichtigkeit ein, richtet es sich nur gegen eine Partei, hat der Vertrag grundsätz-

---

[90] RGZ 60, 273, 276 f.

lich Bestand. Der Bundesgerichtshof[91] hat sich dieser Rechtsprechung angeschlossen und hält bis heute daran fest. Ausnahmen von dieser Regel machte der Bundesgerichtshof[92] unter anderem erstmals in einer Entscheidung, die sich mit der Frage zu beschäftigen hatte, ob einem nicht zugelassenen Rechtsberater, der unter Verstoß gegen § 1 RBerG einen Geschäftsbesorgungsvertrag mit einem Rechtssuchenden geschlossen hatte, ein Wertersatzanspruch nach Bereicherungsrecht zusteht[93].

bb) Normzweck des Verbotsgesetzes

Ein Wertersatzanspruch nach Bereicherungsrecht setzt die Nichtigkeit des Geschäftsbesorgungsvertrages zwischen den Partein voraus. Der Bundesgerichtshof bejahte die Nichtigkeit des Vertrages, obwohl sich das Verbot der unerlaubten Rechtsberatung nur gegen den Berater und nicht auch gegen den Rechtsuchenden richtete. In der folgenden Rechtsprechung hat der Bundesgerichtshof weitere Ausnahmen anerkannt, in denen er einen einseitigen Gesetzesverstoß für die Bejahung von Nichtigkeit nach § 134 hat genügen lassen[94]. Dabei führt er in seinen Entscheidungen aus, Nichtigkeit sei anzunehmen, „wenn es mit dem Sinn und Zweck des Verbotsgesetzes unvereinbar wäre, die durch das Rechtsgeschäft getroffene rechtliche Regelung hinzunehmen und bestehen zu lassen". In den Fällen der unerlaubten Rechtsberatung vertritt er die Ansicht, dass der Zweck der Vorschrift des Art 1 § 1 RBerG, die Rechtssuchenden vor den Gefahren einer ungenügenden und nicht sachgerechten Beratung und Vertretung zu schützen, nur durch die Nichtigkeit des verbotswidrigen Geschäftsbesorgungsvertrages erreicht werden könne. In der Literatur ist diese Rechtsprechung auf Kritik gestoßen[95], vornehmlich deshalb, weil mit „Sinn und Zweck des Verbotsgesetzes" keine materiellen Kriterien gelten könnten, die eine Regelbildung erlauben würden, was besonders darin zutage trete, dass der Bundesgerichthof[96] selbst ausdrücklich hervorhebe, dass „der Sinn und Zweck des Verbotsgesetzes für je-

---

[91] BGHZ 37, 258, 261 ; 37, 363, 365 f.; 46, 24,26; 53, 152, 156 f.; 71, 358, 360 f.; 78, 263, 265; 78, 269, 271; 85, 39, 43 f.; 93, 246, 267; 111, 308; BGH NJW 1984, 230, 231; NJW 1984, 1175

[92] Vgl. BGH BB 2000, S.740, 741; BGHZ 37, 258, 261 f.: BGH NJW 1996, S.1954, 1955; BGH WM 1999, S.2360, 2361

[93] BGHZ 50, 90, 91 und BGH NJW 2000, 1560 = WM 2000, 1342 = BB 2000, 740

[94] Vgl. BGHZ 71, 358, 361; BGH NJW 1969, S.661; WM 1973, S.1024, 1026; BGH NJW 1993, S.2108 f. (Darlehensvermittlung im Reisegewerbe unter Verstoß gegen § 56 Abs.1 Nr. 6 GewO)

[95] Vgl. *Kramer*, Der Verstoß gegen ein gesetzliches Verbot und die Nichtigkeit von Rechtsgeschäften (§ 134 BGB), Diss. Mainz 1976; S.35 ff.; ferner *Canaris*, Gesetzliches Verbot und Rechtsgeschäft, 1983

[96] So BGHZ 78, 263, 265

de Vorschrift anders liege und jeweils besonders ermittelt werden müsse". In der Literatur[97] ist an die Stelle dieses Kriteriums die Frage getreten, ob sich das gesetzliche Verbot nur gegen die Umstände der Vornahme des Rechtsgeschäfts richte oder ob man von einem „gesetzlichen Verbot" im Sinne des § 134 BGB nur dann sinnvollerweise sprechen könne, wenn die Rechtsordnung bestimmt geartete Rechtsgeschäfte ihres besonderen Inhalts wegen untersage[98]. Trotz dieser Bedenken hält der Bundesgerichtshof[99] an seiner Regel vom ein- und zweiseitigen Verbot fest.

Die hier zur Beantwortung gestellte Frage, ob es Fälle gibt, in denen trotz Gültigkeit der schuldrechtlichen Abrede allein die „Annahme" der Leistung durch den Empfänger gegen ein gesetzliches Verbot verstößt, lässt sich bei Durchsicht der zur Verfügung stehenden Fälle wiederum nur für einen Fall bejahen, auf den nunmehr einzugehen ist.

OLG München NJW-RR 2001, S.13 ff.[100]

In der Entscheidung vom 17. Juni 1999 hatte ein Bauträger die vereinbarten Raten einer noch zu errichtenden Eigentumswohnung angefordert und zur Kredittilgung verwendet, obwohl eine Auflassungsvormerkung zu Gunsten der Erwerber noch nicht im Grundbuch eingetragen war. Der in Raten zu zahlende Kaufpreis war nach dem Vertrag entsprechend § 3 Makler- und Bauträgerverordnung erst zur Zahlung fällig, wenn eine Vormerkung für die Erwerber eingetragen war. Auf Aufforderung des Bauträgers zahlten die Erwerber die ersten fünf Raten, obwohl die Vormerkung noch nicht eingetragen war. Der Bauträger führte mit den Raten seine Bankverbindlichkeiten zurück und ersparte damit bis zur Eintragung der Auflassungsvormerkung Zinsen in Höhe von 56 572, 81 DM.

Das Landgericht hatte die Klage abgewiesen. Das Oberlandesgericht München verurteilte den Bauträger zur Zahlung der ersparten Zinsaufwendungen in dieser Höhe an die Erwerber aus
§ 817 Satz 1 BGB. Es führt dazu aus, dass auch dann ein Fall des § 817 BGB gegeben sei, wenn – wie hier – das Grundgeschäft gültig, der mit der Leistung verfolgte Zweck als solcher nicht zu beanstanden sei, somit ein rechtlicher

---

[97] Soergel-*Hefermehl* § 134 Rdnr. 2, 14, 16 m.w.Nachw; differenzierend Staudinger-*Sack* § 134 Rdnr.2, der nicht zwischen verbotenem Inhalt und verbotener Vornahme, sondern innerhalb der Fallgruppe von Rechtsgeschäften, deren Art und Weise der Vornahme gesetzlich missbilligt wird, unterscheiden will.
[98] Vgl. Larenz § 22 II, S.391
[99] Vgl. BGHZ 93, 264, 267
[100] NJW-RR 2001, S.13 f.; siehe auch OLG Koblenz NJW-RR 1999, S.671

Grund vorliege und lediglich die – vorzeitige – Leistungsannahme verbotswidrig sei. Dass die Leistung vom Gesetz nicht missbilligt werde, worauf das Erstgericht abgestellt habe, ändere nichts an der grundsätzlichen Anwendbarkeit des § 817 Satz 1 BGB, da ohne dessen Sanktionswirkung der Schutzzweck des betreffenden Verbotes nicht erreicht werde.

Die Ansicht des Gerichts, dass § 817 Satz 1 BGB „auch" dann eingreife, wenn das Grundgeschäft gültig, der mit der Leistung verfolgte Zweck als solcher also nicht zu beanstanden sei, entspricht aus den dargestellten Gründen der Auffassung der Rechtsprechung. Allerdings handelte es sich auch hier - wie im Falle des Sittenverstoßes bei gültigem Grundgeschäft - um einen ganz singulären Fall, in dem lediglich die *vorzeitige* Leistungsannahme gegen das gesetzliche Verbot des § 3 der Makler- und Bauträgerverordnung verstieß. Würde man § 817 Satz 2 BGB auf diese Fälle beschränken wäre er praktisch bedeutungslos.

2. Anwendungsbereich des § 817 Satz 1 BGB nach Heinrich Honsell

Honsell[101] möchte den Anwendungsbereich des § 817 Satz 1 BGB nach Untersuchung seiner geschichtlichen Grundlagen auf die Fälle der „Deliktsvermeidung" beschränken. Er fasst darunter zum einen die Fälle, in denen Geld gegeben wird, um den Empfänger zur Unterlassung eines angedrohten Delikts zu bewegen, und zwar auch dann, wenn dieser bezweckte weitergehende Erfolg eingetreten ist, d.h. das Delikt tatsächlich unterlassen wurde. Gerade darin soll die selbständige Bedeutung des § 817 Satz 1 BGB liegen, denn die condicito ob rem nach § 812 Abs. 1 Satz 2 Fall 2 BGB erfasst die Fälle nicht, in denen der Erfolg eingetreten, der damit bezweckte Erfolg aber sittenwidrig ist.

Zum anderen kommen seiner Auffassung nach die Fälle hinzu, in denen der Nehmer eine ohnehin geschuldete Leistung nur gegen Entgelt zu erbringen bereit ist. Die condictio ob rem scheidet aus, wenn die ohnehin geschuldete Leistung erbracht wird, der Erfolg also wiederum eingetreten ist, die Annahme einer Gegenleistung dafür aber von der Rechtsordnung missbilligt wird.

3. § 817 Satz 1 BGB in der Entwicklung des neueren Schrifttums

Im Anschluss an Honsell wird der einzig legitime Anwendungsbereich des § 817 Satz 1 BGB in der Entwicklung des neueren Schrifttums[102] darin gesehen, dass § 812 Abs. 1 Satz 2 Fall 2 BGB (condicito ob rem) wegen Zweckerrei-

---

[101] *Honsell*, 1974, S.136 ff.
[102] Münch/Komm-*Lieb* § 817 Rdnr.1; *Erman*/H.P.*Westermann* § 817 Rdnr.1; *Esser/Weyers* § 49 III, S.69; *Reuter/Martinek* § 5 V 3., S.181

chung entfällt, aber der erreichte Zweck gesetzes- oder sittenwidrig ist. Im Unterschied zur condicito ob rem liegt die Besonderheit der Kondiktion nach § 817 Satz 1 BGB nach dieser Auffassung darin, dass sie nicht auf einer Zweckverfehlung beruht, sondern im Gegenteil eine Zweckerreichung voraussetzt und ihr Geltungsgrund in der Zweckmissbilligung durch die Rechtsordnung liegt. § 817 Satz 1 BGB nehme der Zweckerreichung i.S. der condictio ob rem die das Behalten der Leistung rechtfertigende Kraft[103]. Danach darf § 817 Satz 1 BGB überhaupt nicht im Anwendungsbereich des § 812 Abs. 1 Satz 1 Fall 1 BGB (allgemeine Leistungskondiktion) zum Zuge kommen, sondern ist letztlich als Sonderreglung für den Fall der im Bereich der condictio ob rem allein vorliegenden Abrede über die Erreichung eines weitergehenden gesetzes- oder sittenwidrigen Erfolges zu verstehen[104]. Von der allgemeinen Leistungskondiktion soll sich § 817 Satz 1 BGB dadurch unterscheiden, dass für die Anforderungen an den „Zweck" der Leistung die gleichen Voraussetzungen gelten, wie sie für eine Zweckvereinbarung nach § 812 Abs. 1 Satz 2 Fall 2 BGB maßgeblich sind.

4. Eigene Stellungnahme

Fraglich ist, welche Konsequenzen sich daraus ergeben, § 817 Satz 1 BGB als einen Sonderfall der condictio ob rem zu betrachten, der immer dann zum Zuge kommen soll, wenn ein von den Parteien weitergehender gesetzes- oder sittenwidriger Erfolg angestrebt wird, der auch erreicht worden ist. Nur für diesen Fall soll § 817 Satz 1 BGB in der Auffassung des neueren Schrifttums eine Ergänzung des § 812 Abs. 1 Satz 2 Fall 2 BGB bilden. Ist der weitergehende gesetzes- oder sittenwidrige Erfolg nicht eingetreten, kann bereits nach § 812 Abs. 1 Satz 2 Fall 2 BGB kondiziert werden.
Bei näherem Zusehen zeigt sich indessen, dass § 817 Satz 1 BGB dadurch kein eigener Anwendungsbereich erschlossen würde. Das ergibt sich daraus, dass für diese Fälle auch immer § 817 Satz 2 BGB zum Zuge käme, und das obwohl beide Parteien durch die Vereinbarung und Erreichung eines zusätzlichen weitergehenden gesetzes- oder sittenwidrigen Erfolges verbots- oder sittenwidrig gehandelt haben. Meist wird es sich nämlich um Fälle handeln, in denen ein bestimmtes Verhalten des Empfängers veranlasst werden soll, zu dem er sich rechtlich nicht verpflichten kann. Denkbar sind aber auch Fälle, in denen ein von den Parteien nach dem Inhalt des Vertrages vorausgesetztes gesetzes- oder sittenwidriges Verhalten Dritter oder ein anderer verbots- oder sittenwidriger außerrechtsgeschäftlicher Erfolg bezweckt werden soll. Nach dem Inhalt des Rechtsgeschäfts ist dabei ein Erfolg nur bezweckt, wenn dieser Gegenstand ei-

---

[103] Vgl. statt aller *Reuter/Martinek*, § 5 V 3, S.181
[104] *Reuter/Martinek*, § 5 V 3, S.181 ; Münch/Komm-*Lieb* § 817 Rdnr.5

ner *Einigung* der Beteiligten, nicht aber Bestandteil des Vertrages geworden ist. Hierüber müssen beide Teile -wenigstens stillschweigend- einig sein. Es reicht nicht aus, dass der Leistende eine bestimmten Erfolg bezweckt, der im Verhältnis zum Empfänger nur Beweggrund gewesen ist. Ebenso wenig ist ausreichend, dass der Empfänger bloß irrtümlich annimmt, zur Erreichung eines bestimmten Zwecks eine Leistung machen zu müssen[105]. Lässt man für einen Verstoß des Leistenden aus den gleichen Gründen wie schon dargelegt[106] die Mitwirkung an der schuldrechtlichen Abrede genügen, die zusätzlich auf die Erreichung eines weitergehenden gesetzes- oder sittenwidrigen Erfolges gerichtet ist, der auch erreicht wurde, gibt es keinen Fall des § 817 Satz 1 BGB als Sonderfall der condictio ob rem, bei dem allein der Empfänger durch die „Annahme" der Leistung gegen ein gesetzliches Verbot oder gegen die guten Sitten verstößt. Ist über den Willen der Beteiligten, einen bestimmten außerrechtsgeschäftlichen gesetzes- oder sittenwidrigen Erfolg zu erreichen, eine *Einigung* zwischen den Parteien erzielt worden, steht der Rückforderung der vom Leistenden erbrachten Gegenleistung immer auch der Rückforderungsausschluss des § 817 Satz 2 BGB entgegen, weil „gleichfalls" auch der Leistende durch die Mitwirkung an der Vereinbarung eines außerrechtsgeschäftlichen Erfolges gegen ein gesetzliches Verbot oder gegen die guten Sitten verstoßen hat. Die Kondiktion wegen verwerflichen Empfangs wäre damit zu völliger Bedeutungslosigkeit verdammt. Eine Norm, die kein Relevanz mehr besitzt, kann aber nicht im gesetzgeberischen Interesse sein.

Der durch den zwischen den Parteien vereinbarten weitergehenden gesetzes- oder sittenwidrigen Erfolg, der zwangsläufig zum Rückforderungsausschluss des § 817 Satz 2 BGB führt, müsste im übrigen auch für die Fälle gelten, in denen der von den Parteien vorausgesetzte weitergehende gesetzes- oder sittenwidrige Erfolg nicht eingetreten ist, damit also bereits schon nach § 812 Abs.1 Satz 2 Fall 2 BGB kondiziert werden kann. Andernfalls würde eine durch nicht zu rechtfertigende Ungleichbehandlung zwischen § 817 Satz 1 BGB als Sonderfall der Zweckerreichung und der condictio ob rem als Fall der Zweckverfehlung geschaffen. Das alles spricht dafür, § 817 Satz 1 BGB nicht als Spiegelbild der condictio ob rem für den Fall der Zweckerreichung, die verbots- oder sittenwidrig ist, anzusehen.

5. Zusammenfassung

Sachgerechter erscheint es, § 817 Satz 1 BGB einen eigenen Anwendungsbereich zuzuweisen, indem er alle die Fälle erfasst, in denen in der Person des

---

[105] Vgl. dazu Soergel- *Mühl* § 812 Rdnr. 194 ff.
[106] siehe oben S.32

Leistungsempfängers liegende Umstände die Rückabwicklung erfordern. Das sind die Fälle, in denen die Sittenwidrigkeit gerade in einer Handlung gegenüber dem anderen Teil besteht.

Ein solcher zusätzlicher und alleiniger Sittenverstoß des Empfängers kann z.b. darin liegen, dass die lediglich *vorzeitige* Leistungsannahme verbots- oder sittenwidrig ist. Dabei müssen für diesen zusätzlichen und alleinigen Sitten- oder Gesetzesverstoß nach dem mit der Leistung vorausgesetzten „Zweck" nicht die Anforderungen an eine außerrechtsgeschäftliche Zielsetzung zwischen den Parteien erreicht werden, wie sie für § 812 Abs.1 Satz 2 Fall 2 BGB vorausgesetzt sind. Es reicht aus, dass in der Person des Empfängers liegende Umstände die Annahme der Leistung sittenwidrig machen, z.b. wenn er eine Monopol- oder Machtstellung missbraucht, um den Leistenden zum Abschluss eines Vertrages zu bewegen oder eine Leistung für etwas an sich rechtlich oder moralisch Erlaubtes annimmt, das erst durch die Verknüpfung mit der Annahme einer Geldleistung gegen ein gesetzliches Verbot oder gegen die guten Sitten verstößt.

Daraus folgt, dass es einen Fall, in dem „gleichfalls" dem Leistenden ein zusätzlicher und alleiniger Sittenverstoß zur Last fällt, nicht geben kann. § 817 Satz 1 BGB und § 817 Satz 2 BGB schließen sich damit wechselseitig aus. Der Rückforderungsausschluss des § 817 Satz 2 BGB ist immer und nur ein solcher der allgemeinen Leistungskondiktion nach § 812 Abs.1 Satz 1 Fall 1 BGB.

Die Fälle, in denen sowohl der Leistende als auch der Empfänger durch den Inhalt des Rechtsgeschäfts oder den mit ihm nach dem Inhalt vorausgesetzten primären Zweck gegen ein gesetzliches Verbot oder gegen die guten Sitten verstoßen haben, sollten vom Anwendungsbereich des § 817 Satz 1 BGB ausgenommen bleiben. § 817 Satz 1 BGB sollte als bereicherungsrechtliches Spiegelbild des § 826 BGB im Deliktsrecht nur die Fälle erfassen, in denen ein gesetzes- oder sittenwidriges Verhalten des Empfängers oder für § 817 Satz 2 BGB des Leistenden die „Annahme" oder die Leistung selbst verbots- oder sittenwidrig macht.

Richtigerweise sollte damit auf nichtige Austauschverträge das Rückforderungsverbot des § 817 Satz 2 BGB nicht angewendet werden.

2. Teil

Das Rückforderungsverbot des § 817 Satz 2 BGB

I. Der Wortlaut der Vorschrift als Anknüpfungspunkt

§ 817 Satz 2 BGB lautet:

„Die Rückforderung ist ausgeschlossen, wenn dem Leistenden gleichfalls ein solcher Verstoß zur Last fällt, es sei denn, dass die Leistung in der Eingehung einer Verbindlichkeit bestand; das zur Erfüllung einer solchen Verbindlichkeit Geleistete kann nicht zurückgefordert werden."

Liest man die Vorschrift unbefangen wird augenscheinlich klar, dass dem Leistenden „gleichfalls" ein solcher Verstoß, also ein Verstoß durch die „Annahme" der Leistung zur Last fallen müsste. Gemeint sein kann damit aber nur, dass auch der Leistende durch die Leistung gegen ein gesetzliches Verbot oder gegen die guten Sitten verstoßen haben muss.

Das Wort „gleichfalls" deutet darüber hinaus auf die weiteren Probleme im Zusammenhang mit der Anwendung des § 817 Satz 2 BGB hin. Fällt beiden Parteien ein Verstoß gegen ein gesetzliches Verbot oder gegen die guten Sitten zur Last – sei es dadurch, dass der Inhalt des Vertrages selbst oder der nach ihm vorausgesetzte Zweck gesetzes- oder sittenwidrig ist – führt der Rückforderungsausschluss dazu, dass eine Partei *bei Vorleistung* benachteiligt wird und das, obwohl auch der andere Teil verbots- oder sittenwidrig gehandelt hat. Denn der vorleistende Beteiligte unterliegt trotz Nichtigkeit des Verpflichtungsgeschäfts gemäß § 134 BGB oder § 138 BGB dem Rückforderungsverbot des § 817 Satz 2 BGB, während der andere Beteiligte seine Leistung nicht zu erbringen braucht. Der Bundesgerichtshof drückt dies so aus: „Diese Schwierigkeiten beruhen vor allem darauf, dass schon § 817 Satz 2 BGB gegen eine Vertragspartei anwendbar ist ohne Rücksicht darauf, ob die Gegenpartei schon ihre Leistung erbracht hat oder nicht. Es hängt deshalb oft vom Zufall ab, welche Partei bei dem Geschäft zu Schaden kommt, und zwar zum Vorteil der anderen Partei"[107]. Der Bundesgerichtshof traf diese Feststellung in einer Entscheidung, in der es zudem um die Anwendung des § 817 Satz 2 BGB auch auf andere als Bereicherungsansprüche, nämlich im konkreten Fall §§ 987 ff., §§ 994 ff. BGB, ging. Er verneint dies mit dem Argument, § 817 Satz 2 BGB habe Ausnahmecharakter unter Hinweis auf die Problematik, die sich immer dann zeige, wenn

---

[107] BGHZ 41, 341, 349

eine Partei vorgeleistet hat, und zwar bei gesetzes- oder sittenwidrigem Handeln beider Parteien.

Darüber hinaus wird im Fall *beiderseitiger Erfüllung* durch das Rückforderungsverbot des § 817 Satz 2 BGB eine rechtswidrige Vermögenslage aufrechterhalten, die mit dem Schutzzweck der verletzten Norm oder den Moralvorstellungen der Allgemeinheit unvereinbar sein kann. Honsell[108] führt als Beispiel den Verstoß eines beiderseits erfüllten Vertrages gegen das Kriegswaffenlieferungsgesetz an. Nach dem Verbotszweck soll die Durchführung solcher Geschäfte gerade unterbunden werden. Der Rückforderungsausschluss führe dazu, dass sie de facto ihre Gültigkeit behalten. Damit wird das Nichtigkeitsurteil der §§ 134 und 138 BGB letztlich durch § 817 Satz 2 BGB konterkariert. Dennoch wird bei beiderseitigem Verstoß gegen ein gesetzliches Verbot oder die guten Sitten das verstoßende Geschäft in ständiger Rechtsprechung des Bundesgerichtshofs aufrechterhalten[109]. Soweit Ausnahmen vom Rückforderungsausschluss des § 817 Satz 2 BGB in der Rechtsprechung bislang zugelassen wurden[110] - wie etwa im Fall des vorleistenden Schwarzarbeiters[111] - , wurden sie stets als solche deutlich gemacht.

II. Ausdehnung des § 817 Satz 2 BGB auf alle Bereicherungsansprüche

Die aufgezeigten Probleme resultieren daraus, dass die Rechtsprechung sowohl des Reichsgerichts als auch des Bundesgerichtshofs[112] § 817 Satz 2 BGB auf alle Bereicherungsansprüche ausdehnt, insbesondere auf die allgemeine Leistungskondiktion nach § 812 Abs.1 Satz 1 Fall 1 BGB. Die Vorschrift findet damit auch Anwendung auf nichtige Austauschverträge wie etwa Kauf-, Miet-, Pacht- oder Darlehensverträge, die der Rückabwicklung nach § 812 Abs.1 Satz 1 Fall 1 BGB unterliegen, wenn sie nach ihrem Inhalt oder dem nach ihrem Inhalt vorausgesetzten Zweck gesetzes- oder sittenwidrig sind und beide Vertrags-

---

[108] *Honsell*, FS Seiler, S.473 ff., 475

[109] RG DR 1939, 1633; 1942, 1409; BGHZ 8, 343, 368; 36, 232, 237; 118, 182 ff; BGH WM 1993, 1765 ff = WuB IV A § 817 BGB 1.94 *Köndgen*;

[110] RGZ 71, 432, 435; BGHZ 41, 341, 343 f. = WM 1964, 707; BGHZ 75, 299, 306; 111, 308; dazu OLG Oldenburg (Bereicherungsanspruch des vorleistenden Bestellers bei nichtigem Schwarzarbeitervertrag); BAG NJW 1983, 783; BGH NJW-RR 1990, 750, 751 = WM 1990, 799 = ZIP 1990, 915 = WuB I E 1 Kreditvertrag *Emmerich*; vgl. dazu auch Staudinger-*Lorenz* § 817 Rdnr. 11

[111] BGHZ 111, 308 ff.

[112] RGZ 63, 346 ff.; 151, 70 ff.; 161, 52 ff.; BGHZ 8, 348 ff.; 50, 90 ff.; zuletzt: BGH WM NJW-RR 1993, 1457 = WM 1993, 1765 = WuB IV A § 817 BGB 1.94 m Anm Johannes *Köndgen*;

parteien verbots- oder sittenwidrig gehandelt haben. Dieser Rechtsprechung liegt die Überzeugung zugrunde, dass „die Bestimmung eine allgemeine Regel für alle Bereicherungsansprüche bei Leistungskondiktion enthält und auch dann eingreift, wenn der genannte Verstoß nur dem Leistenden zur Last fällt"[113]. In der Literatur hat diese Auffassung weitgehende Zustimmung gefunden[114]. Bis heute ist allerdings unklar, worin diese allgemeine Regel, § 817 Satz 2 BGB auf alle Bereicherungsansprüche bei Leistungskondiktion auszudehnen, und hier vor allem auf die allgemeine Leistungskondikiton gemäss § 812 Abs.1 Satz 1 Fall 1 BGB, ihre dogmatische Grundlage findet. In der Rechtsprechung[115] findet sich dazu die immer wiederkehrende Überlegung, „dass § 817 Satz 2 Ausdruck eines allgemeinen Grundsatzes ist, der nach der (im Bürgerlichen Gesetzbuch selbst nicht klar ausgesprochenen) Absicht des Gesetzgebers für die ganze Materie der ungerechtfertigten Bereicherung maßgebend sein soll". Der Bereichungsanspruch sei, trotz der für einzelne Fälle gegebenen besonderen Bestimmungen, doch im wesentlichen als ein einheitlicher, in der Hauptsache gemeinsamen Regeln unterliegender Anspruch aufzufassen; deshalb sei nach der zu vermutenden Absicht des Gesetzgebers der der Bestimmung des § 817 Satz 2 BGB zugrunde liegende Gedanke als für jeden Bereicherungsanspruch maßgebend anzusehen, auch soweit ein solcher an sich unter die allgemeine Bestimmung des § 812 BGB falle.

Diese Argumentation ist einem Einwand ausgesetzt: Wenn § 817 Satz 2 BGB nach der angeblich so zu vermutenden Absicht des Gesetzgebers auf der Grundlage eines doch im wesentlichen einheitlichen, in der Hauptsache gemeinsamen Regeln unterliegenden Bereicherungsanspruchs auf alle Ansprüche auch aus § 812 Abs.1 Satz 1 Fall 1 BGB auszudehnen sein soll, bleibt fraglich, warum der Gesetzgeber das Rückforderungsverbot nicht als generellen Ausschlustatbestand hinter § 815 BGB geregelt hat. Noch bei den Gesetzgebungsarbeiten der Zweiten Kommission zur Schaffung eines einheitlichen Bürgerlichen Gesetzbuchs bestand Einigkeit darüber, den § 817 BGB mit den Sätzen eins und zwei als selbständigen Tatbestand hinter § 816 BGB, nämlich der Rückforderung bei Verfügung eines Nichtberechtigten, als besonderen Fall der Eingriffskondiktion, in einem eigenen Paragraphen mit eigener Anspruchsgrundlage in Satz 1 zu regeln. Aus den genannten Gründen[116] war dabei an die

---

[113] Vgl. dazu zuletzt BGH NJW-RR 1993, 1457 = WM 1993, 1765 = WuB IV A § 817 BGB 1.94 und BGHZ 50, 90,91

[114] *Esser* II § 103 IV; *Larenz* II § 69 III b, S.559 f.; *Medicus* Rn 696; *Esser-Weyers* BT § 49 IV 2, S.458 f.; *Koppensteiner-Kramer* § 7 IV 2 a, S.62; *Erman-H.P.Westermann* Rdnr.11; *Staudinger-Lorenz* Rdnr.10; MünchKomm-*Lieb* § 817 Rdnr.11; aA insbesondere *Heck*, AcP 124, S.1, 53; *Honsell*, 1974, S.137 ff.; ders. FS Seiler, 1999, S.473 ff., 483

[115] RGZ 63, 346 ff.

[116] siehe oben S.34

Ausdehnung der Regelung zur Kondiktion wegen verwerflichen Empfangs auch auf die condictio sine causa nicht gedacht.

Die Frage, ob § 817 Satz 2 BGB auch einem Anspruch aus § 812 Abs.1 Satz 1 Fall 1 BGB entgegengehalten werden kann, muss damit zunächst einmal eine Frage nach Sinn und Zweck der Vorschrift selbst sein. Es ist daher durchaus noch zu untersuchen, welcher Gedanke der Bestimmung des § 817 Satz 2 BGB zugrunde liegt, der nach der Ansicht des Reichsgerichts und des Bundesgerichtshofs als für jeden Bereicherungsanspruch maßgeblich anzusehen sein soll.

III. Ratio legis des § 817 Satz 2 BGB

1. „Strafcharakter" als Sinn und Zweck der Vorschrift

Liest man die Vorschrift des § 817 Satz 2 BGB unbefangen, drängt sich sofort ein Gedanke auf: Wer unter Verstoß gegen das Gesetz oder die guten Sitten etwas geleistet hat, soll das so Geleistete nicht unter Berufung auf die Gesetzes- oder Sittenwidrigkeit des eigenen Handelns und daher die Nichtigkeit des Vertrages wegen ungerechtfertigter Bereicherung des anderen Teils zurückverlangen können. Der mit dieser Rechtsfolge für den Leistenden häufig verbundene wirtschaftliche Verlust legt es nahe, Sinn und Zweck der Vorschrift sei die „Bestrafung" des rechtswidrig Handelnden. Im Zusammenhang mit dem so vertretenen Strafcharakter der Norm stößt man auch auf die Feststellung, andernfalls würden Verstöße gegen die §§ 134, 138 BGB gleichsam „sanktions"los bleiben, wenn die Folgen des eigenen rechtswidrigen Tuns über das Bereicherungsrecht korrigiert werden könnten[117]. Diese Überlegungen führten dazu, dass die II. Kommission zur Abfassung des BGB in der Tat den Sinn und Zweck der Vorschrift des § 817 BGB in der Bestrafung des verbots- oder sittenwidrig Handelnden sah[118]. Im Falle des Empfängerverstoßes sollte das Empfangene herausgegeben werden, im Falle des Geberverstoßes die Rückforderung ausgeschlossen sein. Verbindendes Element beider Fälle war der Verstoß gegen ein gesetzliches Verbot oder die guten Sitten, der eine Bestrafung rechtfertigte, was man deutlich mit dem Wörtchen „gleichfalls" („...ein solcher Verstoß zur Last fällt") im Gesetzestext des § 817 Satz 2 BGB zum Ausdruck bringen wollte.

Dass dem Leistenden „gleichfalls", d.h. durch die „Annahme" der Leistung, kein Verstoß gegen ein gesetzliches Verbot oder gegen die guten Sitten zur Last fallen kann, wurde schon hervorgehoben. Gemeint sein kann damit also nur, dass dem Leistenden gerade durch die Leistung „gleichfalls" ein solcher Verstoß zur

---

[117] Canaris, FS Steindorff, 1990, S.519 ff., 522
[118] Mot. II, S.849

Last fällt. Damit ist aber nicht geklärt, ob „gleichfalls" in dem Sinne zu verstehen ist, dass beide Parteien eines Vertrages ein solcher Verstoß zur Last fällt, oder ob allein der Umstand gemeint ist, dass dem Leistenden allein „gleichfalls" durch die Leistung ein solcher Verstoß zur Last fällt. Die Motive und Protokolle geben dazu keine Auskunft. Sie enthalten auch keine Hinweise darauf, was für den Fall gelten soll, dass beide Parteien verbots- oder sittenwidrig gehandelt haben, eine Partei aber vorgeleistet hat. Der Annahme, dass § 817 Satz 2 BGB spiegelbildlich zum Satz 1 nur dann eingreifen soll, wenn aufgrund eines gesetzes- oder sittenwidrigen Inhalts des Rechtsgeschäfts dem Leistenden ein alleiniger und zusätzlicher Gesetzes- oder Sittenverstoß zur Last fällt, steht damit nicht etwa der erklärte Wille des Gesetzgebers entgegen. Nur unter diesem Gesichtspunkt liesse sich auch eine zuerst vom Reichsgericht und dann vom Bundesgerichtshof vertretene Sanktionswirkung als Hintergrund der Vorschrift des § 817 Satz 2 BGB rechtfertigen.

2. Theorie der Rechtsschutzverweigerung als ratio legis

In den Partikularrechten vor Inkrafttreten des Bürgerlichen Gesetzbuchs enthalten einzig die Anmerkungen über den bayrischen Codex Maximilaneus Bavaricus Civilis[119] eine Aussage dazu, warum die Rückforderung ausgeschlossen sein soll, allerdings dort beschränkt auf den Fall, dass nur eine Partei gesetzes- oder sittenwidrig gehandelt hat. Dort heißt es: „in dem letzteren Fall (des einseitigen Verstoßes) geht die Condiction darum nicht wohl an, weil derjenige, welcher seine eigene Schande allegiert, in Jure nicht angehört wird"[120]. Hier tritt ein anderer Aspekt in den Vordergrund der Überlegungen zur ratio iuris des § 817 Satz 2 BGB, der auch vom Bundesgerichtshof in neueren Entscheidungen als maßgeblich angesehen wird[121]. Der Gedanke der Rechtsschutzverweigerung will demjenigen, der aus einer verwerflichen Gesinnung heraus eine Leistung erbracht hat, keinen Rechtsschutz gewähren[122]. Dies kann nun zwei Gründe haben:

---

[119] *Franke*, Neudrucke privatrechtlicher Kodifikationen und Entwürfe des 19. Jahrhunderts, Band 3, Entwurf eines bürgerlichen Gesetzbuchs für das Königreich Bayern von 1861-1864 mit Motiven, S. 552

[120] In diese Richtung auch RGZ 151, 70, 72, wo es heißt "daß der Gesetzgeber einer aus einer verwerflichen Gesinnung heraus erbrachten Leistung seinen Schutz nicht gewähren will".

[121] Vgl. RGZ 63, 346, 354 f.; BGHZ 9, 333, 336; 28, 164, 169 = WM 1958, 1448; BGHZ 35, 103, 107 = NJW 1961, S. 1458; BGHZ 36, 359, 399 = NJW 1962, S. 955; BGHZ 44, 1, 6 = NJW 1965; S. 1585; BGHZ 118, S. 182, 193 = NJW 1992, S. 2557; BGH WM 1993, 2119 NJW 1994, 187 = WuB IV A. § 817 BGB 2.94 mAnm *Thode*; zustimmend *Koppensteiner/Kramer* S. 63 f.; *Reuter/Martinek* § 6 V 1b (S. 203); MünchKomm-*Lieb* § 817 Rdnr. 9; *Medicus* II, Rdnr. 664 (S. 312); ablehnend: *Emmerich*, § 16 Vi 5 a) (S. 185): „...wenig überzeugend", *Larenz/Canaris* § 68 III 3a (S.162): wenig aussage- und überzeugungskräftig; Staudinger-*Lorenz* § 817 Rdnr. 5: nicht befriedigend.

[122] Vgl. dazu zunächst noch in diesem Sinne das Reichsgericht, RGZ 151, 70, 72: „Es ist we-

Entweder versagt man demjenigen, der eigenes rechtswidriges Verhalten als Begründung für eigene Ansprüche anführt, den gerichtlichen Schutz und weist die Klage als unbegründet ab[123]. Dies wäre nichts anderes als die zu § 817 Satz 2 BGB vertretene Auffassung über den Strafcharakter der Norm. Das wird besonders deutlich daran, dass § 817 Satz 2 BGB in der Rechtsprechung[124] einen Bereicherungsanspruch nach dieser Vorstellung nur dann ausschließen soll, wenn sich der Leistende eines Verstoßes gegen das gesetzliche Verbot oder gegen die guten Sitten bewusst war. Oder man sieht die Verweigerung gerichtlichen Schutzes darin begründet, dass sich die Gerichte nicht mit gesetzes- oder sittenwidrigem Verhalten zu befassen haben sollen. Die Klage wäre demnach schon als unzulässig abzuweisen. Dagegen spricht, dass auch die Feststellung der Gesetzes- oder Sittenwidrigkeit nicht per se angenommen, sondern in den Untersuchungen zur Zulässigkeit der Klage erst erwiesen werden muss. Die Absicht, mit dem Makel der Gesetzeswidrigkeit oder Sittenwidrigkeit behaftete Geschäfte nicht vor die Gerichte zu bringen, schlägt daher fehl.

3. Beibehaltung der entstandenen Besitzverhältnisse

a) Gehalt der These

Über die bisherige Kritik hinaus ist folgendes zu bemerken:

Sowohl die Straftheorie als auch die These der Rechtsschutzversagung können eine Ungereimtheit nicht beseitigen: Bei beiderseitigem verbots- oder sittenwidrigem Handeln fällt die „Strafe" des einen dem anderen als „Belohnung" zu. Der vorleistende Schwarzarbeiter kann seinen Lohn nicht beanspruchen, obwohl der Empfänger das Ergebnis der Arbeitsleistung erhält und nach diesen Theorien eigentlich behalten kann. Der etwas vorleistende Auftraggeber des Schwarzarbeiters kann die versprochenen Dienste nicht verlangen, aber die Zahlung nicht zurückfordern. Honsell[125] sieht daher in der Ausschlussklausel des § 817 Satz 2

---

niger von Belang, ob man der Auffassung zustimmt, daß in Satz 2 eine „Strafvorschrift" für denjenigen enthalten sei, der bei der Leistung gegen die guten Sitten gehandelt habe. Es kommt vielmehr darauf an, daß der Gesetzgeber einer aus verwerflicher Gesinnung heraus erbrachten Leistung seinen Schutz nicht gewähren will, deren Zweck so bestimmt ist, daß entweder der Leistende allein oder er und der Empfänger durch die Leistung und deren Annahme gegen ein gesetzliches Verbot oder gegen die guten Sitten verstoßen."; RGZ 161, 52, 57

[123] Mit dieser Begründung in der Rechtsprechung RGZ 151, 70, 72; BGHZ 9, 333, 336; 28, 164, 169; 35, 103, 107; 36, 359, 399; 44, 1, 6; in diesem Sinne auch *Dauner* JZ 1980, 495, 499; *Koppensteiner/Kramer* S. 63 f.; *Reuter/Martinek* § 6 V 1b (S. 203); *Larenz* II § 69 III b (S 560)

[124] Vgl. RGZ 151, 70, 72 mit weiteren Nachweisen und näher unten S. 59

[125] *Honsell*, 1974, S.63, ausführlich S.88 ff und 93 ff.; in ähnlicher Form *Heck*, AcP 124

BGB eine Verkörperung der römisch-rechtlichen Regel „in pari turpitudine melior est condictio possidentis". Sie besagt, dass der jeweilige Besitzer die Sache behält, wenn beide verwerflich gehandelt haben. Die Regel ist nicht an der Strafidee, sondern an dem einfachen Gedanken orientiert, dass die jeweiligen Besitzverhältnisse nicht verändert werden sollen, wenn kein Schutzgrund zugunsten des Fordernden vorliegt, wenn also seine Position für ein angriffsweises Vorgehen nicht ausreicht. Es ist dasselbe Prinzip, das auch § 1007 Abs. 3 BGB zugrundeliegt: Wer die bestehenden Rechtsverhältnisse verändern will, muss ein „Mehr" an Recht dartun können. Bei beiderseits gesetzes- oder sittenwidrigem Verhalten soll die Kondiktion ausgeschlossen sein, da das Fehlen einer causa, welche im Normalfall ausreichender Schutzgrund für eine Rückforderung ist, durch das eigene Verhalten aufgewogen wird. Dass der Empfänger der Vorleistung begünstigt wird, ist demnach eine Auswirkung jenes faktischen Vorteils, den der Besitz bei streitigen Rechtsverhältnissen auch sonst gibt. Heck[126] formuliert den Gedanken dahingehend, dass es sich bei dem Rückforderungsverbot um eine „Neutralitätserklärung in Verbindung mit dem allgemeinen Besitzvorzuge" handle.

b) Kritik

Indes ist es fraglich, ob die an die Innehabung des Besitzes geknüpften Regeln des Sachenrechts als allgemeines Prinzip auf das Bereicherungsrecht und hier die Rückabwicklung bei beiderseitigem Gesetzes- oder Sittenverstoß übertragen werden können. Die Innehabung des Besitzes gibt im Sachenrecht ein "Mehr" an Recht, weil an die Innehabung der tatsächlichen Sachherrschaft von Gesetzes wegen bestimmte Publizitätswirkungen geknüpft sind. So wird in § 1006 Abs. 1 BGB vermutet, dass der unmittelbare Besitzer mit Besitzerwerb auch Eigentümer der Sache geworden ist. Auch die rechtlichen Möglichkeiten des gutgläubigen Erwerbs von beweglichen Sachen knüpfen an den Besitz an. Der Besitz und die daran anknüpfenden Publizitätswirkungen sind daher allein ein rechtstechnisches Mittel im System des Sachenrechts zur Bestimmung der Eigentumsverhältnisse an einer Sache. Dagegen zielt das Bereicherungsrecht auf einen angemessenen Ausgleich von Vermögenslagen sine causa ab. Die faktische Vermögensverschiebung kann also erklären, „dass es so ist"; gefragt wird bei einem „gerechten" Ausgleich aber immer auch danach, „warum es so ist". Begründet man dann den Ausschluss der Kondiktion damit, dass das Fehlen einer causa, welches im Normalfall ausreichender Schutzgrund ist, durch das eigene Verhalten aufgewogen wird, steckt dahinter letztlich nichts anderes als die Strafidee, die jedoch bei beiderseitigem verbots- oder sittenwidrigem Verhalten nicht zu

---

(1925) S.1, 33 ff.; *Fikentscher*, SchuldR, § 99 I 6 Rdnr.1113
[126] *Heck* AcP 124, (1925), S.33

befriedigenden Lösungen führt. Das alles mag dazu beitragen, dass auch Heck[127] letztlich im Strafgedanken die ratio iuris des § 817 Satz 2 BGB erblickt und ihn als eine Art Schuldkompensation begreift, die nur auf einen Teil der Ansprüche aus § 812 Abs.1 Satz 1 Fall 1 BGB Anwendung finden soll.

4. Generalprävention als tragender Grund

Nicht die Strafidee, sondern den Gedanken der Generalprävention zieht Canaris[128] heran, wenn er im Interesse der Allgemeinheit[129], nicht zur Bestrafung des verbots- oder sittenwidrig Handelnden, den Anspruch auf Rückforderung des ohne rechtlichen Grund Geleisteten ausschließt. Wie schon der Theorie der Rechtsschutzverweigerung liegt aber ebenso dem Präventionsgedanken letztlich der Strafgedanke zugrunde. Das folgt daraus, dass Strafe immer auch auf die Vermeidung künftig verwerflichen Verhaltens abzielt und nie allein den Zweck verfolgt, eine empfindliche Vermögenseinbuße beim verwerflich Handelnden herbeizuführen. Das räumt auch Canaris ein, wenn er sich darauf zurückzieht, dass „indessen in der Straftheorie vielleicht doch ein richtiger Kern" liege, wenn „sittenwidriges Handeln als solches nämlich nicht strafbar sei und daher ohne die Anwendung von § 817 Satz 2 BGB drohe, weitgehend sanktionslos zu bleiben"[130].

5. Rückkehr zu rechtstreuem Verhalten

a) Rechtsprechung des Reichsgerichts und des Bundesgerichtshofs

Das Reichsgericht vertrat aus den genannten Gründen in ständiger Rechtsprechung[131] die Ansicht, dass § 817 Satz 2 BGB eine Strafvorschrift sei. Der Bundesgerichtshof[132] hat sich dem bis heute nur im Zusammenhang mit der Beurteilung der Wucherfälle angeschlossen. Das ergibt sich daraus, dass die Rechtspre-

---

[127] *Heck* AcP 124 (1925), S.27

[128] Vgl. *Canaris* FS Steindorff, 1990, S.519 ff, 523 und *Larenz/Canaris* § 68 III 3 f unter Hinweis auf die ergänzende Funktion des Verhältnismäßigkeitsprinzips, das extreme Konsequenzen mildert.

[129] Um „im Volksleben den Sinn für die guten Sitten und für das Interesse der öffentlichen Ordnung zu stärken", vgl. *Canaris*, FS Steindorff, 1990, S.529 und Fn 22 mit Verweis auf Mot. II, S.849

[130] Für den Fall des beiderseitigen Verstoßes *Larenz/Canaris* § 68 III 3f (S.166): „§ 817 Satz 2 BGB soll die Effizienz der §§ 134, 138 BGB verstärken und darf daher auf Grund einer teleologischen Reduktion nicht angewendet werden, wenn er sie im Gegenteil geradezu konterkarieren würde".

[131] RGZ 99, 161, 167; 105, 270, 271; 161, 52, 58

[132] BGHZ 99, 333, 339 mwNachw; BGH BB 1965, 318; 1969, 857; NJW 1962, 1148; 1983, 1420; WM 1993, 1323; 1995, 20

chung seit einer Entscheidung des Großen Zivilsenats des Reichsgerichts vom 30. Juni 1939[133] dem Bewucherten das Darlehen für die vertraglich vereinbarte Laufzeit belässt, ohne dass der Bewucherte den Darlehenszins an den Wucherer zahlen muss. Die herrschende Ansicht in der Literatur[134] dagegen gibt dem Wucherer einen Anspruch auf den angemessenen oder üblichen Zins. Der Bundesgerichtshof vertritt seine Auffassung in ständiger Rechtsprechung mit der Begründung, dass sonst der Wucherer risikolos arbeiten könne, billige man ihm statt des vereinbarten Zinses den angemessenen oder üblichen Zinssatz zu. Diese Argumentation überzeugt, wenn man Sinn und Zweck des § 817 Satz 2 BGB allein darin sieht, den Wucherer empfindlich zu treffen, indem man ihm den mit der Darlehenshingabe beabsichtigten Gewinn in Gestalt des vollen Darlehenszinses vorenthält. Gegen diese Argumentation wird vor allem eingewandt, dass jeder Zusammenhang zwischen Verschulden und Strafhöhe fehle, weil das Ausmaß der Vermögenseinbuße beim Wucherer ausschließlich von der Höhe seiner Leistung abhänge[135].

b) Fragwürdigkeit von „Privatstrafe"

Auf einen Zusammenhang zwischen Verschulden und Strafhöhe kommt es aber dann nicht mehr an, wenn man sich vor Augen führt, dass dem Zivilrecht eine Art „Privatstrafe" für rechtswidriges Verhalten fremd ist[136]. Selbst im zivilrechtlichen Deliktsrecht (§§ 823 ff. BGB), bei dem schon tatbestandlich grundsätzlich ein Verschulden des Schädigers vorausgesetzt wird, ist das Ziel der Ausgleich von Vermögenseinbußen beim Geschädigten durch einen Vergleich der Vermögenslagen vor und nach Eintritt des schädigenden Ereignisses (§ 249 Satz 1 BGB) und nicht eine Bestrafung des Schädigers. Der Ersatz von Nichtvermögensschäden erfüllt allein eine Genugtuungsfunktion für den Verletzten, die ebenfalls nicht auf eine Bestrafung des Schädigers abzielt. Im Zusammenhang mit einem angenommenen Strafcharakter des § 817 Satz 2 BGB als einer Art „Privatstrafe" taucht darüber hinaus eine weitere Frage auf: Wenn Sinn und Zweck des Rückforderungsverbots die Bestrafung des Leistenden ist, müsste es ihm erlaubt sein, dem Gesetz entsprechende Zustände wieder herzustellen, indem er die gegen das Gesetz oder die guten Sitten verstoßende Vermögensverschiebung rückgängig macht. Gegen § 817 Satz 2 BGB wird denn auch häufig vorgebracht, er vereitele den Verbotszweck, indem er rechtswidrige Zustände

---

[133] RGZ 161, 52, 58 unter Aufgabe der früheren Rechtsprechung (RGZ 151, 70 ff.)
[134] Zuerst *Medicus*, Gedächtnisschrift für Dietz 1973, S.74 ff.; BR 18.Aufl, § 27 Rdnr. 700, S.533 ff.
[135] *Heck*, AcP 124, (1925), S.1 ff., 57; *Honsell*, 1974, S.59; vgl. zu den Gegenargumenten im ganzen *Niederländer* FS Gutzwiller, 1959, S. 621 ff., 622; *Erman-H.P.Westermann* Rdnr.4
[136] So auch *Ernst Wolf*, Lehrbuch des Schuldrechts, § 19 C. III c), S.474; *Esser/Weyers*, SchuldR, § 49 II, S. 68;

rechtsbeständig mache[137]. Gerade wenn im öffentlichen Interesse der verletzten Norm oder der moralischen Anschauungen die Rückabwicklung geboten sei, verhindere das Rückforderungsverbot die Wiederherstellung des gesetzmäßigen Zustands.

c) Stellungnahme

Es stellt sich daher die Frage, warum es bei einem angenommenen Strafcharakter der Norm dem rechtswidrig Handelnden verwehrt sein soll, dem Gesetz entsprechende Zustände wiederherzustellen. Die Antwort darauf kann nur lauten, weil im Zivilrecht - anders als im Strafrecht - die Motive der Rückabwicklung unbeachtlich sind. Das Zivilrecht schließt nach § 817 Satz 2 BGB die Rückforderung ungeachtet der Motive des Leistenden aus. Im Strafrecht[138] ist es dem Täter möglich, durch den Rücktritt vom Versuch seine Rückkehr zu rechtstreuem Verhalten zu dokumentieren. Voraussetzung dafür ist allerdings ein objektiver Beitrag, der das versuchte Delikt nicht zum tatbestandlichen Erfolg gelangen lässt. Beim unbeendeten Versuch genügt dafür, dass der Täter von der bereits versuchten Handlung Abstand nimmt, sie unterlässt, beim beendeten Versuch muss er alles tun, um den Eintritt des tatbestandlichen Erfolges zu verhindern. Im Tatbestand des § 817 BGB dagegen wird schon nicht danach differenziert, ob erfüllt ist oder nicht. Die Möglichkeit des Rücktritts kompensiert im Strafrecht die zuvor betätigte strafwürdige Gesinnung. Im Zivilrecht dagegen ist die Motivlage des gegen das Gesetz oder die guten Sitten Verstoßenden irrelevant. Die Rückforderung ist nicht Ausdruck der Rückkehr zu rechtstreuem Verhalten, sondern häufig wirtschaftlich motiviert. Dies zeigt sich auch daran, dass nicht jeder Verstoß gegen ein gesetzliches Verbot oder gegen die guten Sitten strafbewehrt ist. Anders als das Strafrecht hat das Zivilrecht keinen fragmentarischen Charakter. Demgemäß erfassen die Nichtigkeitsnormen der §§ 134, 138 BGB einen viel größeren Kreis von gesetzlichen Verboten und sittlichen Verhaltensanforderungen.

6. Rechtsbewährungsinteresse als sachlicher Grund

a) Rechtsprechung des Bundesgerichtshofs

Fraglich ist allerdings, ob daraus die Schlussfolgerung gezogen werden kann, bei der Frage der Rückabwicklung verbots- oder sittenwidriger Geschäfte bleibe der Gesichtspunkt der Angemessenheit bewusst unberücksichtigt. Der Bundesge-

---

[137] So *Honsell*, 1974, S.59
[138] Ebert, Strafr AT, C I 3, S.115 ff.

richtshof[139] stellt in einer frühen Entscheidung zunächst positivistisch darauf ab, dass es die gesetzliche Anordnung sei, die den Entscheidungsgrund abgebe und der Gesichtspunkt der „Gerechtigkeit" dabei bewusst unberücksichtigt bleibe. Diese Auffassung über Sinn und Zweck des § 817 Satz 2 BGB hat er zuletzt im Jahr 1993 in einer Entscheidung[140] wiederholt, die sich mit einem Anspruch des pfändenden Dritten auf Rückzahlung der „Gewinnbeträge" befasste, die von einem Kundengelder veruntreuenden Bankangestellten an Anleger ausgezahlt worden waren. Darin heißt es: „ Der Gesetzgeber hat durch die Regelung des § 817 Satz 2 BGB den Gedanken eines gerechten Ausgleichs zwischen Leistendem und Leistungsempfänger bewusst zurückgestellt; er will, dass es ohne Rücksicht auf die Grundsätze einer materiellen Gerechtigkeit bei der tatsächlichen Lage verbleibt, wie sie durch das verwerfliche Handeln des Leistenden geschaffen worden ist, indem er bewusst die gerichtliche Durchsetzbarkeit der Rückabwicklungsansprüche in derartigen Fällen verschließt". Der Entscheidung lag der Sachverhalt zugrunde, dass ein Bankangestellter erhebliche Kundengelder veruntreut und nach Aufdeckung der Veruntreuungen an einige Anleger nebst einem erzielten Gewinn ausgezahlt hatte. Die Rückforderung scheiterte an § 817 Satz 2 BGB, ungeachtet der Tatsache, dass der Vermögenszuwachs durch eine vorsätzliche Schädigung Dritter ermöglicht wurde.

Das so verstandene objektive Interesse einer Rechtsordnung an der Aufrechterhaltung rechtswidriger Zustände kann nur das Interesse an der Aufrechterhaltung einer funktionierenden Rechtsordnung sein. Dieses Interesse soll hier als „Rechtsbewährungsinteresse" gekennzeichnet werden. Dabei verschärft § 817 Satz 2 BGB die Folgen der Nichtigkeit nach §§ 134, 138 BGB. Die Rechtsordnung versagt nicht nur die Wirksamkeit gesetzes- oder sittenwidriger Geschäfte, sondern verhindert auch die Rückführung bereits ausgetauschter Leistungen in ihre Ausgangslage. Damit erhöht sich das Risiko, sich auf solche Geschäfte einzulassen wenigstens dann, wenn sie nicht Zug um Zug ausgeführt werden können. In dem Urteil BGHZ 41, 341, 344 wird dazu ausgeführt, „dass wer außerhalb der Rechts- oder Sittenordnung Geschäfte macht, dies auf eigenes Risiko tut".

b) Verzicht auf „Gerechtigkeit"?

Fraglich allerdings ist, ob das Interesse an einer funktionierenden Rechtsordnung auf Gesichtspunkte der Gerechtigkeit, wie es der Bundesgerichtshof formu-

---

[139] BGHZ 8, 348, 373; BGH WM 1990, 799; ebenso *Bufe,* AcP 157 (1958/59), S.215 f., der in § 817 Satz 2 BGB die Resignation des Gesetzgebers gegenüber schmählichen Geschäften sieht.
[140] BGH NJW-RR 1993, 1457, 1458 f.= WM 1993, 1765, 1767 f. = WuB IV A § 817 BGB 1.94 *Köndgen*

liert, bewusst verzichten kann. Auf dem Prüfstand der Überlegungen muss wieder der Fall der einseitigen Vorleistung stehen, wenn beide Parteien verbots- oder sittenwidrig gehandelt haben. Ein Rechtsbewährungsinteresse würde zu sich selbst in Widerspruch treten, wenn es bei zwei gleich verwerflich Handelnden eine Ungleichbehandlung herbeiführt, indem der Empfänger der Vorleistung den in nichts begründeten Vermögensvorteil behalten dürfte[141]. Eine solche Ungleichbehandlung kann vom Recht auch im „Unrecht" nur in Kauf genommen werden, wenn besondere Umstände vorliegen, die sie rechtfertigen. Nun kann man einwenden, dass der Leistende durch die einseitige Vorleistung eben ein zusätzliches Risiko auf sich nimmt, wenn er unter Verstoß gegen die guten Sitten oder das Gesetz bei beiderseitigem verwerflichen Verhalten vorleistet[142]. Dies würde aber bedeuten, Betrügereien Vorschub zu leisten und einen durch § 817 Satz 2 BGB rechtsfreiem Raum zu schaffen, in dem der Empfänger der Vorleistung unter Berufung auf § 817 Satz 2 BGB das Empfangene behalten und seine eigenen Leistung verweigern könnte.

Dem Empfänger der Vorleistung würde damit gestattet, unter Berufung auf eigenes verbots- oder sittenwidriges Verhalten Ansprüche abzuwehren. Dies kann zum einen nicht im Interesse einer funktionierenden Rechtsordnung sein. Zum anderen widerspricht es dem hergebrachten Satz, dass man sich zur Anspruchsbegründung nicht auf eigene Unlauterbarkeit soll berufen dürfen[143]. Nichts anderes kann gelten, wenn § 817 Satz 2 BGB zur Abwehr von Ansprüchen geltend gemacht werden könnte.

c) Folgerung

Das Rechtsbewährungsinteresse gebietet es daher, die Rückforderung bei einem Geberverstoß nur dann auszuschließen, wenn besondere Umstände vorliegen, die es rechtfertigen, die Rückforderung nur zu seinen Lasten auszuschließen. Ein Blick auf den durch Kübel entworfenen Teilrechtsentwurf zur Schaffung eines einheitlichen Bürgerlichen Gesetzbuchs bestätigt diese Auffassung. Eine verwerfliche Ursache auf Seiten des Gebers war danach nur anzunehmen, wenn er etwas geleistet hatte, um den Empfänger zur Vornahme einer den Gesetzen oder

---

[141] Auf den Gesichtspunkt der Austauschgerechtigkeit wollte auch das Reichsgericht in der Entscheidung RGZ 161, 52, 57 nicht verzichten, in der es um die Herausgabe des hingegebenen Darlehensbetrages ging. Obwohl der Bewucherte regelmäßig durch die Annahme der Leistung nicht gegen die guten Sitten verstößt, also nur ein einseitiger Verstoß auf Seiten des Leistenden vorliegt, sah es das Reichsgericht als einen in nichts begründeten Vermögensvorteil an, wenn der Bewucherte den hingegebenen Darlehensbetrag behalten dürfte. Streng davon zu trennen, ist die Frage einer Vergütungspflicht des Bewucherten für die Dauer der Kapitalnutzung, dazu bereits oben S .
[142] Siehe OLG Köln NJW-RR 1994, 1540, 1542 unter Berufung auf BGHZ 8, 348 (373)
[143] „Nemo turpitudinem suam allegans auditur"

den guten Sitten widerstreitenden Handlung oder zur Unterlassung einer Handlung zu bestimmen, zu welcher derselbe rechtlich verpflichtet war, oder um gesetzeswidrige oder unsittliche Handlungen zu befördern. Der Geberverstoß des Leistenden beschränkte sich mithin nicht allein auf die Mitwirkung an einer schuldrechtlichen Abrede, die verbots- oder sittenwidrig war. Hinzukommen musste die Absicht, sich „Böses" erkaufen zu wollen.

7. Stellungnahme und eigene Auffassung

In Betracht kommt daher, den Rückforderungsausschluss gemäß § 817 Satz 2 BGB entsprechend der hier zu § 817 Satz 1 BGB vertretenen Auffassung auf die Fälle zu beschränken, in denen dem Leistenden durch die Leistung im Verhältnis zum anderen Teil ein zusätzlicher und alleiniger Sittenverstoß zur Last fällt. § 817 Satz 1 und 2 BGB wären damit spiegelbildlich zu § 826 BGB die Entsprechungen auf bereicherungsrechtlicher Ebene entweder auf Empfänger- oder Geberseite. Dies sei an folgenden Beispielen erläutert:

a) Empfängerverstoß

OLG Koblenz NJW-RR 1993, 200 f.

In der Entscheidung hatte sich das OLG Koblenz mit einem Vertrag über die Vermittlung einer Promotion zu beschäftigen. Die Parteivereinbarung verstieß gegen das Gesetz über die Führung akademischer Grade und war mit den guten Sitten unvereinbar. Der Kläger nahm die Beklagten gesamtschuldnerisch auf Rückgewähr eines Betrages von 45 000 DM in Anspruch. Das Gericht sah es als erwiesen an, dass die Beklagten den Kläger über die Möglichkeit einer Promotionsvermittlung arglistig getäuscht hatten, mit der Folge, dass sich ein Anspruch des Klägers gegen die Beklagten auch aus §§ 823 Abs. 2 BGB iVm § 263 StGB sowie § 826 BGB ergab. Zu der bereicherungsrechtlichen Rückabwicklung führt der Senat aus, dass § 817 Satz 2 BGB, der unter derartigen Umständen einer bereicherungsrechtlichen Rückabwicklung der vom Kläger erbrachten Geldleistung entgegensteht, auf den hier gegebenen Schadensersatzanspruch aus §§ 823 Abs. 2 BGB iVm § 263 StGB sowie § 826 BGB nicht anwendbar sei.

Die Entscheidung macht die typischen Schwächen im Zusammenhang mit dem Rückforderungsverbot des § 817 Satz 2 BGB deutlich. Zum einen wird die Anwendung auch dann diskutiert zu Lasten nur des Leistenden, wenn beide Parteien verwerflich gehandelt haben; zum andern soll das Rückforderungsverbot in bereicherungsrechtlicher Hinsicht auch dann gelten, wenn gegen den Beklagten auch und vor allem aufgrund seines deliktischen Verhaltens ein Anspruch aus §

817 Satz 1 BGB gegeben wäre, der die Anwendung des § 817 Satz 2 BGB zu seinen Lasten aus den genannten Gründen[144] ausschließt.

In dem Fall des OLG Koblenz war es ein Verstoß des Empfängers der Leistung, nicht des Leistenden selbst, der zu beurteilen war. Um den Anwendungsbereich des § 817 Satz 2 BGB als Entsprechung des § 826 BGB auf der Geberseite zu verdeutlichen, bleibt auf das Fallbeispiel der Entscheidung des Bundesgerichtshofs zurückzukommen, in der dem Leistenden ein zusätzlicher und alleiniger Gesetzes- oder Sittenverstoß zur Last fiel.

b) Geberverstoß

BGH NJW 1992, S.310 ff.

Der VIII. Zivilsenat des Bundesgerichtshofs[145] hatte über die Rückzahlung des Kaufpreises der Klägerin für ein gestohlenes Fahrzeug zu entscheiden. Der erkennende Senat bejahte die Nichtigkeit des Vertrages nach § 138 Abs.1 BGB, weil der Zeuge P. auf seiten der Klägerin, die als Käufer des Fahrzeugs auftrat, Nachforschungen zu dem im Kraftfahrzeugbrief eingetragenen Halter, der nicht mit dem Verkäufer identisch war, unterlassen hatte. Als Anspruchsgrundlage kam in erster Linie § 812 Abs.1 Satz 1 Fall 1 BGB (allgemeine Leistungskondiktion) in Betracht. Dem konnte aber der Beklagte das Rückforderungsverbot des § 817 Satz 2 BGB entgegenhalten. Weiterhin prüfte der erkennende Senat einen Anspruch aus § 826 BGB, bejahte eine arglistige Täuschung des Zeugen P. durch den Beklagten und führt weiter aus, dass diesem deliktischen Anspruch das Rückforderungsverbot des § 817 Satz 2 BGB nicht entgegengehalten werden könne.

Bei dieser Entscheidung blieb zu beachten, dass dem beklagten Hehler ein alleiniger und zusätzlicher Sittenverstoß zur Last fiel, indem er den Käufer über die Herkunft des Fahrzeugs und über die Eigentumsverhältnisse arglistig getäuscht hatte. Das hat zur Folge, dass der Kläger, der den Kaufpreis auf die nach § 138 Abs.1 BGB nichtige Forderung aus § 433 Abs.2 BGB geleistet hat, schon aus § 817 Satz 1 BGB die Herausgabe des Geldes vom Beklagten als Empfänger der Leistung hätte verlangen können. Ein Anspruch aus § 817 Satz 1 BGB wurde in der Entscheidung jedoch nicht geprüft. Stattdessen kann sich der beklagte Hehler nach Auffassung des Bundesgerichtshofs mit Erfolg auf § 817 Satz 2 BGB gegenüber der Klage auf Kaufpreisrückzahlung § 812 Abs.1 Satz 1 Fall 1 BGB berufen, obwohl er in diesem Verhältnis zu Klägerin nicht Leistender im Sinne des § 817 Satz 2 BGB ist. Im Verhältnis zum Käufer des gestohlenen Fahrzeugs

---

[144] Vgl. S.73
[145] BGH NJW 1992, 310 = WM 1992, 151 = VersR 1992, 106; EWiR 1992, 159

ist der Verkäufer nur Leistender im Hinblick auf die gegen ihn gerichtete Forderung aus § 433 Abs.1 BGB auf Übergabe und Einigung über den Eigentumsübergang. Nur aus der Sicht des Käufers und Gläubigers dieser Forderung aus § 433 Abs.1 BGB ist der Beklagte Leistender im Sinne des § 817 Satz 2 BGB. Damit ist seine Forderung auf Herausgabe des geleisteten Fahrzeugs nach § 817 Satz 2 BGB ausgeschlossen. Der Käufer konnte daher nach der hier vertretenen Ansicht den schon gezahlten Kaufpreis aus § 817 Satz 1 BGB in Anspruchskonkurrenz zu §§ 823 Abs.2 iVm 263 StGB sowie § 826 BGB herausgegeben verlangen, wohingegen die Forderung des Beklagten auf Rückgabe des geleisteten Fahrzeugs wegen seines zusätzlichen Sittenverstoßes gemäß § 817 Satz 2 BGB ausgeschlossen ist.

Die vorstehenden Erwägungen machen deutlich, dass § 817 Satz 1 und Satz 2 BGB sich nicht etwa dergestalt gegenseitig bedingen, dergestalt, dass sowohl dem Empfänger als auch dem Leistenden „gleichfalls" ein weitergehender alleiniger oder zusätzlicher Gesetzes- oder Sittenverstoß zur Last fallen kann. Verstößt der Empfänger der Leistung allein und zusätzlich durch die Annahme der Leistung gegen ein gesetzliches Verbot oder gegen die guten Sitten, kann dem Leistenden „gleichfalls" kein solcher Verstoß zur Last fallen. Eine inhaltliche Überschneidung ergibt sich zwischen § 817 Satz 1 und Satz 2 BGB nicht. Vielmehr gibt es keinen Fall, der sowohl unter Satz 1 als auch unter Satz 2 der Vorschrift fällt. Eine gemeinsame Schnittmenge besteht nur zwischen § 817 Satz 2 BGB und der allgemeinen Leistungskondiktion, die auch die Fälle erfasst, in denen das Grundgeschäft nach § 134 oder § 138 BGB nichtig ist. Die durch § 817 Satz 2 BGB ausgeschlossenen Kondiktion ist nach hier vertretener Ansicht damit immer und nur eine solche nach § 812 Abs.1 Satz 1 Fall 1 BGB.

IV. Der Anwendungsbereich des § 817 Satz 2 BGB nach Heinrich Honsell

Honsell[146] möchte den Kondiktionsausschluß auf die Fälle beschränken, in denen der Leistende den Empfänger zur Vornahme der gesetzes- oder sittenwidrigen Handlung *bestimmt* oder *angestiftet* hat. Er möchte im Wege einer restriktiven Auslegung den Anwendungsbereich der Norm auf die Fälle der Leistung für ein „per se" sittenwidriges Handeln begrenzen. Zu den so vom Kondiktionsverbot erfassten Fällen zählen seiner Ansicht nach etwa der Mordlohn, die Geldzuwendung, die gemacht wird, um den Empfänger zu einer falschen Aussage zu bewegen, die Richter- und die schwere Beamtenbestechung und das Verschweigen eines Verbrechens, zu dessen Anzeige der Empfänger verpflichtet ist. Ferner seien alle Handlungen erfasst, die gegen die geschlechtliche Moral verstoßen.

---

[146] *Honsell*, 1974, S 139

Dagegen wird geltend gemacht, dass der Kondiktionsausschluss, solange das Gesetz einen solchen bei Gesetzes- oder Sittenwidrigkeit fordert, nicht auf den schmalen Grad der per se-Sittenwidrigkeit beschränkt beleiben könne[147]. Etwas anderes könne nur dann gelten, wenn sich die Fälle des § 817 Satz 2 BGB qualitativ von denen des § 812 Abs.1 Satz 1 Fall 1 iVm §§ 134, 138 BGB unterscheiden würden. Eine solch qualitative Differenzierung zwischen Gesetzes- und Sittenverstößen, die den §§ 134, 138 BGB unterfallen, und dem Anwendungsbereich des § 817 Satz 1 und 2 BGB lasse sich jedoch nicht wirklich durchführen. Es bestünde die Gefahr von unvermeidlichen Wertungswidersprüchen.

Die Rechtsprechung ist dieser Kritik gefolgt und nimmt daher eine wie von Honsell vertretene Begrenzung des § 817 Satz 2 BGB nicht vor. Sie wendet das Rückforderungsverbot auch auf nichtige Austauschverträge an, ist dabei aber durch die ausfernde Anwendung zu vielfältigen Ausnahmen und Einschränkungen gezwungen.

V. Einschränkungen und Ausnahmen von § 817 Satz 2 BGB in der Rechtsprechung des Reichsgerichts und des Bundesgerichtshofs

1. Verstoß nur des Leistenden

a) Berufliche Verstöße (§ 134 BGB)

BGHZ 50, 90

In BGHZ 50, 90 hatte sich der Bundesgerichtshof durch Urteil vom 13. Dezember 1953 mit einem Wertersatzanspruch eines gegen das Rechtsberatungsgesetz verstoßenden Beraters zu beschäftigen, der für den Beklagten eine außergerichtliche Schuldenbereinigung durchgeführt und in diesem Zusammenhang auch Leistungen erbracht hatte, die gegen das Rechtsberatungsgesetz verstießen. Der VII. Zivilsenat teilte den Vertrag in einen erlaubten und unerlaubten Teil auf, wobei eine Vergütung für den unerlaubten Teil nach § 817 Satz 2 BGB nur dann ausgeschlossen sein sollte, wenn sich der forderungsberechtigte Rechtsberater (Kläger) eines Verstoßes gegen das Rechtsberatungsgesetz bewusst war. Hinsichtlich des erlaubten Teils führt der Senat aus, dass die den Gläubiger hart belastende Vorschrift des § 817 Satz 2 sich nur auf das beziehe, was aus den vom Gesetz missbilligten Vorgängen geschuldet werde. Dagegen lasse sie Bereiche-

---

[147] Vgl. MünchKomm-*Lieb* § 817 Rdnr.11; ebenso *Larenz*, SchuldR II § 69 III b, S. 560 f., *Reeb* S.67

rungsansprüche unberührt, die sich aus nicht zu beanstandenden Leistungen ergeben, selbst wenn sie demselben tatsächlichen Verhältnis entstammen. Die Nichtigkeit des ganzen Vertrages gemäß den §§ 134, 139 BGB bewirkte also nicht zwangsläufig, dass damit alle seine Teile gleich zu beurteilen waren, soweit es sich um die Anwendung des § 817 Satz 2 BGB handelte. Nur die Vergütung für Leistungen, die gegen das Rechtsberatungsgesetz verstießen, unterlagen dem Rückforderungsverbot. Im übrigen drang der Wertersatzanspruch des Beraters durch.

BGH NJW 2000, S. 1560 ff.

Mit gleichem Ergebnis erging auch die Entscheidung des IX. Zivilsenats vom 17. Februar 2000[148], in der es wiederum um einen Verstoß gegen das Rechtsberatungsgesetz ging. Der IX. Zivilsenat des Bundesgerichtshofs entschied über den Wertersatzanspruch eines Steuerberaters, der unerlaubt eine fremde Rechtsangelegenheit besorgt hatte, nämlich die Geltendmachung von Rückübertragungsansprüchen nach dem Vermögensgesetz und die Veräußerung von Grundstücken[149]. Um zu verhindern, dass der Empfänger der unerlaubten Rechtsberatung einen ungerechtfertigten Vorteil aus der Nichtigkeit des Vertrages zieht, verwies das Gericht an das Berufungsgericht zurück, um zu prüfen, ob sich der Steuerberater zum maßgeblichen Zeitpunkt seiner Dienstleistung[150], die sich über sechs Jahre erstreckte, eines Verstoßes gegen Art. 1 § 1 RBerG bewusst war. Er führt dazu aus, dass „diese Abwicklung nach Bereicherungsrecht nicht demjenigen, der eine gesetzeswidrige Geschäftsbesorgung vornimmt, auf einem Umweg entgegen § 134 BGB doch eine Vergütung verschaffen, sondern nur verhindern soll, dass der Empfänger der Leistungen daraus einen ungerechtfertigten Vorteil zieht, insbesondere dann, wenn die Nichtigkeit des Vertrages auch erlaubte Leistungen erfasst." Differenziert wird allein danach, ob sich der Leistende eines Verstoßes gegen das gesetzliche Verbot bewusst war oder nicht.

---

[148] BGH NJW 2000, 1560 = WM 2000, 1342 = BB 2000, 740
[149] Vgl. dazu auch die Entscheidung des Bundesgerichtshofs vom 18.März 2003 (XI ZR 188/02). Wer im Rahmen eines Bauträgermodells vor allem die Abwicklung des Grundstückskaufs für den Erwerber betreibt, benötigt dafür eine Erlaubnis nach dem Rechtsberatungsgesetz – sonst ist der Vertrag mit dem Treuhänder nichtig.
[150] BGHZ 28, 164., 168

BGH WM 1993, S. 1323 f.

Auf dieser Rechtsprechungslinie liegen auch die Entscheidungen zur Darlehensvermittlung im Reisegewerbe. Mit Urteil vom 15. Juni 1993[151] hatte der Bundesgerichtshof über den an die Klägerin abgetretenen Anspruch ihres Ehemannes zu entscheiden, der zu Umschuldungszwecken von einem Kreditvermittler der Beklagten nach mehrfachen Hausbesuchen ein Hypothekendarlehen in Höhe von 650 000 DM und einen weiteren Kredit in Höhe von 750 000 DM bei der Beklagten vermittelt bekam. Die Klägerin verlangte mit der Begründung, die Kreditverträge seien nichtig, die Kreditkosten zurück, die ihr Ehemann an die Beklagte geleistet hatte. Fraglich war, ob bei einer Entscheidung über die Bereicherungsansprüche, die sich aus der Nichtigkeit der Verträge ergaben, eine Anwendung des § 817 Satz 2 BGB geboten war. Dies wurde davon abhängig gemacht, ob der Vermittler, dessen Verschulden sich die beklagte Bank zurechnen lassen musste, bewusst gegen das gesetzliche Verbot des § 56 Abs. 1 Nr. 6 GewO verstoßen hatte, wofür auch ausreichte, dass er sich der Einsicht in den Gesetzesverstoß leichtfertig verschlossen hatte. Die Anwendung des § 817 Satz 2 BGB setze nur einen bewussten oder zumindest leichtfertigen Verstoß gegen das gesetzliche Verbot des § 56 Abs. 1 Nr. 6 GewO voraus, nicht aber das Bewusstsein der Vertragsnichtigkeit oder ein leichtfertiges Sichverschließen vor der Erkenntnis dieser Rechtsfolge des Verstoßes.

BGHZ 118, 142

Von der wiedergegebenen Rechtsprechung weicht nur die Entscheidung des III. Zivilsenats vom 30. April 1992[152] ab.
Auf die Frage, ob der Leistende sich eines Verstoßes gegen ein gesetzliches Verbot bewusst war, kam es in der Entscheidung des III. Zivilsenats des Bundesgerichtshofs nicht an, in der er über den Wertersatzanspruch eines Abschlussprüfers zu entscheiden hatte, der entgegen § 319 Abs. 2 Nr. 5 HGB bei der Aufstellung des zu prüfenden Jahresabschlusses mitgewirkt hatte. Der III. Zivilsenat schloss einen Wertersatzanspruch nach § 812 Abs. 1 Satz 1 Fall 1

---

[151] BGH NJW 1993, S.2108 = WM 1993, 1323 = ZIP 1993, S.1068; EWiR 1993, S.773; dazu Entscheidungsbesprechung von *Karsten Schmidt*, JuS 1993, S.965; BGH NJW 1989, S.3217 = WM 1989, S.1083 = ZIP 1989, S.972; EWiR 1989, 963
[152] BGH NJW 1992, S.2021 = WM 1992, S.1148 = ZIP 1992, S.833; dazu WuB IV D § 319 HGB 1.92 *Schulze-Osterloh*; EWiR 1992, S.799; dazu auch OLG Koblenz NJW 1991, S.430; BGH WM 1990, S.799, 801 f. (3a)

BGB zwar nicht von vornherein aus, ließ ihn aber im Ergebnis an § 817 Satz 2 BGB scheitern. Zur Begründung führt er aus, dass die besonderen Verhältnisse im Fall der Schwarzarbeit, die zu einer einschränkenden Auslegung des § 817 Satz 2 BGB geführt hätten, im Streitfall nicht vorlägen. Ein allgemeiner Grundsatz könne daraus nicht abgeleitet werden.

In der Literatur stößt die Voraussetzung, dass für den Fall des Verstoßes gegen ein gesetzliches Verbot im Bewusstsein der Verbotswidrigkeit gehandelt worden sein muss, auf Zustimmung[153]. Als Grund wird angeführt, dass das Verschuldensprinzip sachgerechte Entscheidungen ermögliche, wenn man sich die unüberschaubare Anzahl von Verbotsgesetzen vor Augen führe, die selbst Rechtskundige nicht mehr zu überschauen vermögen. Bei Durchsicht des einschlägigen Fallmaterials[154] aber wird deutlich, dass sich hinter dem im Einzelfall geltenden Erfordernis des Verschuldens häufig auch oder, besser gesagt, *vor allem eine Bewertung vom Normzweck des Verbotsgesetzes her befindet*, gegen das verstoßen wurde. Dabei bleibt ein subjektives Erfordernis im Rahmen des § 817 Satz 2 BGB nicht auf die Fälle des einseitigen Verstoßes des Leistenden beschränkt, wenn der Vertrag auch erlaubte Leistungen erfasst.

BGH NJW 1997, S.2314 f.

Die gekennzeichnete Tendenz tritt am deutlichsten in einer Entscheidung des Bundesgerichtshofs zutage, in der es um das sogenannte Schneeballsystem[155] ging, das nach ständiger Rechtsprechung gegen die guten Sitten verstößt und nach § 6 c UWG[156] gesetzlich verboten ist. Der Entscheidung lag folgender Sachverhalt zugrunde:

Der Kläger beteiligte sich an einem Spielsystem, das sich durch neue Teilnehmer, Dynamik-Einstiege und die Teilungsautomatik hierarchisch aufbaut. Gegen ein Entgelt erhielt der Kläger zunächst eine Mitspielberechtigung. Darüber hinaus war er angehalten, weitere Mitspieler für das Spiel zu werben, um so eine der Gewinnpositionen zu erreichen, die sich aus dem Beitritt eines neuen Spie-

---

[153] MünchKomm-*Lieb* § 817 Rdnr.39; Staudinger-*Lorenz* § 817 Rdnr.22; *Larenz/Canaris* § 68 III 3b), S. 162: andernfalls sei die Härte, die in der Versagung des Rückforderungsanspruchs liege, rechtsethisch nicht zu rechtfertigen; aA *Koppensteiner-Kramer* S. 65; *Reuter-Martinek* S. 212; *Esser/Weyers*, SchuldR, § 49 III (S. 68)
[154] Eingehend BGHZ 50, 90, 92; 70, 12, 17 f.; 75, 299, 305
[155] BGH NJW 1997, S.2314 = WM 1997, S.1212 = ZIP 1997, S.1110= EWiR 1997, S.687 = WuB IV A § 138 BGB 1.98 *Moritz*
[156] Eingefügt 1986 und neugefasst durch Art. 1 des Gesetzes zur vergleichenden Werbung und zur Änderung wettbewerbsrechtlicher Vorschriften vom 1.9.2000 (BGBl. I S. 1374)

lers errechnete. Die Gewinnerwartung des Klägers beruhte allein darauf, dass immer neue Spieler geworben wurden und nach Art des sogenannten Schneeballsystems eine immer stärker ansteigende Zahl von Mitspielern einen hohen Einsatz einzahlte. Der erkennende Senat hielt die Spielvereinbarung wegen Verstoßes gegen die guten Sitten für nichtig. Er führt dazu aus, dass angesichts des Vervielfältigungsfaktors in absehbarer Zeit keinen neuen Mitspieler mehr geworben werden könnten. Dass der Kläger darüber hinaus in besonderer Weise getäuscht oder irregeführt worden sei konnte nicht festgestellt werden. Dennoch stand dem Rückforderungbegehren des Klägers, der mit Abschluss der Spielvereinbarung ebenfalls gegen die guten Sitten verstoßen hatte, § 817 Satz 2 BGB nicht entgegen, weil nach Auffassung des Senats nicht festgestellt werden konnte, dass der Kläger sich einer solchen möglichen Sittenwidrigkeit auch bewusst gewesen sei. Auch konnte nicht festgestellt werden, dass er sich dieser Einsicht leichtfertig verschlossen hatte. § 817 Satz 2 BGB stand dem Rückforderungsbegehren des Klägers somit nicht im Wege.

Während nach hier vertretener Möglichkeit § 817 Satz 2 BGB nur dann nicht zur Anwendung gelangt wäre, wenn der Kläger über die Spielvereinbarung hinaus in besonderer Weise über die Gewinnerwartung arglistig getäuscht oder irregeführt worden wäre, betrachtete der XI. Zivilsenat des Bundesgerichtshofs es als maßgeblich, ob sich der dem Spiel beitretende Kläger des Sittenverstoßes bewusst war. Er sah es als ausschlaggebend an, dass der Kläger durch eine Reihe von verschleiernden Regeln bewusst im unklaren über den Aufbau des Spiels gelassen worden sei, so dass er die Voraussetzungen der Sittenwidrigkeit nicht selbst erkennen konnte. Bei näherem Zusehen wird deutlich, dass dabei eine Abwägung der Schwere des Verstoßes gegen die Sittenordnung erfolgt, die hier zu Lasten des Klägers geringer ausfiel, weil er über die Bedingungen der Sittenwidrigkeit im unklaren gelassen worden war.

Gegen eine solche Lösung spricht, dass der Grundgedanke eines einzelnen Verbotsgesetzes auch bei einem nicht bewussten und gewollten Gesetzesverstoß der Anerkennung der tatsächlich geschaffenen Lage entgegenstehen kann. Dabei verwirklicht das Abstellen auf den Normzweck des Verbotsgesetzes, wie noch zu zeigen sein wird[157], in größerem Maße das Interesse an einer funktionierenden und in sich widerspruchsfreien Rechtsordnung und vermeidet einen unterschiedliche Behandlung im Vergleich zu den Fällen der Sittenwidrigkeit.

Für die Fälle der Sittenwidrigkeit forderte das Reichsgericht[158] schon früh in Anlehnung an die Motive[159] die verwerfliche Gesinnung des Empfängers als

---

[157] Siehe unten S. 119 ff.
[158] RG JW 1904, 38; später RGZ 104, 54; 105, 272

notwendige Voraussetzung für den Rückforderungsausschluss. Auch für einen Verstoß des Leistenden hat die Rechtsprechung des Reichsgerichts und des Bundesgerichtshofs[160] das Bewusstsein verlangt, unsittlich zu handeln. Ein Kondiktionsausschluss ist nach Ansicht der Rechtsprechung gerade unter der im Vordringen befindlichen Auffassung der Theorie der Rechtsschutzverweigerung nur dann zu rechtfertigen, wenn sich der Leistende bewusst außerhalb der Rechtsordnung gestellt und die Rechts- oder Sittenordnung vorsätzlich verletzt hat. Gegen das Verschuldensprinzip wurde sogleich geltend gemacht, die Kenntnis der guten Sitten verstehe sich von selbst und ein Verschuldenserfordernis prämiere nur das gröbere Moralempfinden[161]. Ein Mensch mit einem stärker ausgebildeten „sittlichen Bewusstsein" hätte dazu im Vergleich mit einen anderen das Nachsehen. Der Bundesgerichtshof ist diesem Einwand entgegengetreten, indem er auch den als einen vorsätzlich gegen die guten Sitten Handelnden betrachtet, der sich der Einsicht in die Sittenwidrigkeit der Leistung leichtfertig verschließt[162]. Dafür soll es genügen, wenn die Beteiligten die Tatumstände kennen, welche die Verwerflichkeit des Handelns begründen.

Lieb[163] möchte einschränkend den Schluss von der Kenntnis der relevanten Umstände auf das Bewusstsein der Sittenwidrigkeit nur in *besonders gravierenden* Fällen zulassen. § 817 Satz 2 BGB ist seiner Auffassung nach eine Verhaltensfolge, die gegenüber dem Leistenden nur dann gerechtfertigt werden kann, wenn er bewusst einen entsprechenden besonders gravierenden Sittenverstoß begangen hat. Dagegen ist zu sagen, dass sich hinter der Formel eines besonders gravierenden Verstoßes gegen die guten Sitten wiederum letztlich nur eine Bewertung der Schwere der Schuld verbirgt. Das hier als maßgeblich vertretene Interesse an der Aufrechterhaltung einer funktionierenden Rechtsordnung gebietet es aber, aus den genannten Gründen die Rückabwicklung unabhängig von einem Verschulden auszuschließen, wenn dem Leistenden ein alleiniger und zusätzlicher Sittenverstoß zur Last fällt. Es dürften letztlich damit die Fälle erfasst sein, in denen auch Lieb einen Sittenverstoß in einem besonders gravierenden Fall bejahen würde. Man gelangt so zu einer objektiven Konzeption für die Anwendungsfälle des § 817 Satz 2 BGB, bei der es auf subjektive Voraussetzungen in der Person des Leistenden nicht mehr ankommt. Dementsprechend wird nach

---

[159] Mot. II 850:" Es soll dem Mißverständnis vorgebeugt werden, als ob die Rückforderung auch stattfinde, wenn dem Empfänger die causa turpis nicht erkennbar gewesen oder nicht ins Bewusstsein getreten sei."
[160] BGHZ 75, 302; BGH NJW 1993, 2108; leichtfertiges Sichverschließen vor der Bewertung des eigenen Tuns wird dem Bewusstsein der Sittenwidrigkeit gleichgestellt vgl. BGH NJW 1983, 1420, 1423; BGH WM 1989, 1085; 1992, 311
[161] *H Lehmann* in Anm zu RG JW 1931, S.1924 f.; *Ernst Wolf*, Lehrbuch des Schuldrechts, Band II § 19 C III c), S. 474; Staudinger-*Lorenz* § 817 Rdnr.21
[162] BGH NJW 1983, S.1420, 1423; 1990, S.568; 1992, S.310, 311
[163] MüchKomm-*Lieb* § 817 Rdnr.38

(fast) einhelliger Meinung in der Literatur[164] eine Kenntnis oder auch nur ein Kennenmüssen der Umstände, die die Sittenwidrigkeit begründen, nicht beim Leistenden vorausgesetzt.

b) Darlehenswucher

Um einen Verstoß nur des Leistenden handelt es sich auch in den Wucherfällen bei einem zu Lasten des Bewucherten geplanten Missverhältnis zwischen Leistung und Gegenleistung. Der gesetzliche Ausgangspunkt der Wucherfälle ist dabei folgender: Ist ein Darlehensvertrag wegen Wuchers nichtig, bestehen keine beiderseitigen Erfüllungsansprüche mehr. Der Bewucherte kann nach § 812 Abs. 1 Satz 1 Fall 1 BGB seine schon geleisteten Darlehenszinsen zurückverlangen, weil der Wucherer durch die Annahme gegen die guten Sitten verstoßen hat. Der Wucherer selbst ist nicht mehr zur Kapitalüberlassung verpflichtet. Verlangt er seinerseits Rückforderung der Darlehensvaluta vom Bewucherten aus § 812 Abs. 1 Satz 1 Fall 1 BGB konnte dieser ihm nach früherer Rechtsprechung des Reichsgerichts die Einrede aus § 817 Satz 2 entgegenhalten, mit der Folge, dass er zur Rückzahlung sogar der empfangenen Darlehensvaluta nicht verpflichtet war[165].

RGZ 151, 70

In der Entscheidung des Reichsgerichts vom 27. März 1936 hatte der VII. Zivilsenat über einen Anspruch des Darlehensgebers auf Rückzahlung der geleisteten Darlehenssumme zu entscheiden. Der Beklagte erhob die Einrede des § 817 Satz 2 BGB mit der Folge, dass er auch nicht zu Rückzahlung des überlassenen Darlehensbetrages verpflichtet sein wollte. Das Reichsgericht lehnte unter Berufung auf § 817 Satz 2 BGB das Begehren des Klägers auf Rückzahlung der Darlehnssumme mit folgender Begründung ab: „ ... ist zu prüfen, ob die Voraussetzungen des § 817 Satz 2 BGB dann gegeben sind, wenn der Leistende bei der Leistung, insbesondere bei der Hingabe eines Darlehens zu wucherischen Bedingungen, den Empfänger bewuchert hat. Das Erläuterungsbuch von Reichsgerichtsräten nimmt in seiner 8. Auflage (zu § 817, S. 578 unten, entgegen der früheren Auflage [S. 520 unten]) an, beim Wucher liege das Sittenwidrige allein im Versprechenlassen übermäßiger Vorteile, nicht im Leisten des Versprochenen. Auch Planck (BGB; § 817 S. 1664 unten) und andere teilen diese Ansicht. Ihr kann für

---

[164] *Esser/Weyers* § 49 III, S. 68, 69; Soergel-*Mühl* § 817 Rdnr.36; *Koppensteiner/Kramer* § 7 IV 2b a.E., S.177; *Emmerich* § 16 Rdnr.38; *Ernst Wolf*, Schuldrecht, Band II, § 19, S..474; *Erman-Westermann* § 817 Rdnr.13; *Reuter/Martinek* § 6 V 1 c; Staudinger-*Lorenz* § 817 Rdnr.21; aA *Larenz/Canaris* § 68 III 3 b; *RGRK-Trosien* § 817 Rdnr.4
[165] RGZ 151, 70 ff.

die Anwendung des § 817 BGB nicht beigetreten werden. Vielmehr muss der Zweck der Leistung des Wucherers bei der Hingabe eines Darlehens zu wucherischen Bedingungen als dahin bestimmt gelten, daß der Wucherer nicht allein durch das Versprechen, das er sich geben lässt, sondern auch durch seine eigene Leistung den Bewucherten ausbeutet. Denn darauf ist der Zweck seiner Leistung gerichtet, auf den es nach § 817 Satz 2 mit Satz 1 BGB („ein solcher Verstoß") ankommt. Für die Anwendung des § 817 Satz 2 BGB jedenfalls geht es nicht an, das Versprechenlassen von Leistungen des Bewucherten und die Leistung des Wucherers, die nur beide zusammen den wucherischen Zweck zu verwirklichen bestimmt und geeignet sind, auseinanderzureißen."[166]

Dass dem Bewucherten somit „ein Gewinn zufalle, auf den er weder rechtlich noch sittlich einen Anspruch habe" stellte auch das Reichsgericht in seiner Entscheidung fest[167], sah den inneren Grund dafür aber darin, dass „der Empfänger selbst dann nicht zur Rückgabe verpflichtet sei, wenn auch ihm ein Sittenverstoß zur Last falle. Da der Empfänger zur Rückgabe des Geleisteten dann nicht verpflichtet sei, wenn auch ihm ein Sittenverstoß zur Last falle, wäre es unerträglich, wenn er zur Rückgabe verurteilt werden müsste, wo er makellos dastehe". Diese Rechtsprechung wurde in der folgenden Entscheidung des Großen Zivilsenats des Reichsgerichts aufgegeben.

RGZ 161 52 ff.

Mit Urteil vom 30. Juni 1939 entschied der V. Zivilsenat des Reichsgerichts über das Rückzahlungsbegehren des Darlehensgebers, dem der Darlehensnehmer den Einwand aus § 817 Satz 2 BGB entgegensetzte. In Abkehr von RGZ 151, 70 ff. arbeitete der V. Zivilsenat heraus, welches die Leistung des Darlehenswucherers im Sinne des § 817 Satz 2 BGB ist; also die Leistung, die er zum Zweck der Erzielung des Wuchergewinns macht. Im Synallagma stehen danach die Kapitalnutzung in ihrer zeitlichen Begrenzung und die Nutzungsvergütung für die Dauer der Geldhingabe. Nicht geleistet wird damit die Darlehenssumme selbst, die mit der Verpflichtung zur Rückerstattung, also nur zu zeitlich begrenzter Nutzung des darin steckenden Wertes überlassen worden ist[168]. Für die Zeit, während der der Wucherer dem Bewucherten die Kapitalnutzung lassen muss, besteht kein Anspruch des Wucherers auf Zinsen oder sonstige Vergütungen, auch nicht auf Herausgabe gezogener Nutzungen nach § 812 Abs. 1 Satz 1 Fall 1,

---
[166] RGZ 151, 70, 71
[167] RGZ 151, 70, 74
[168] Ebenso wurde die Rückzahlung von Kautionen aufgrund gesetzes- oder sittenwidriger Geschäfte dadurch ermöglicht, dass man die vorübergehende Hingabe von Vermögenswerten nicht als „Leistung" im Sinne des § 817 Satz 2 BGB ansah: RG LZ 1916, S. 689

818 Abs.1 BGB. Denn die vereinbarten Nutzungsvergütungen entfallen wegen Vertragsnichtigkeit.

Die Rechtsprechung auch des Bundesgerichtshofs[169] belässt seitdem dem Bewucherten das Darlehen für die vertraglich vereinbarte Laufzeit, ohne dass der Bewucherte den Darlehenszins an den Wucherer zahlen muss. Die herrschende Ansicht in der Literatur gibt dem Wucherer einen Anspruch auf den angemessenen oder üblichen Zins. Das Missverhältnis zwischen Leistung und Gegenleistung zu Lasten des Bewucherten hat sich damit in ein Missverhältnis zu Lasten des Wucherers umgekehrt. Oft genug werden aber auch Leichtsinn und Unerfahrenheit des Wucherers im Spiel gewesen sein, sei es dass er das Rückforderungsverbot nicht gekannt hat oder leichtfertig darauf vertraut hat, es werde nicht eingreifen. Eine Einschränkung der zinslosen Kapitalnutzung für die Vertragslaufzeit ergibt sich daher – wie gesehen - bei der Darlehensvermittlung im Reisegewerbe, wenn es dem Kreditgeber oder Kreditvermittler am Bewusstsein der Sittenwidrigkeit gefehlt hat[170]. Das wird jedoch meistens nicht der Fall sein, da Rechtsgrundlage für die Nichtigkeit eines wucherischen Darlehens § 138 Abs. 2 BGB ist. Die Vorschrift setzt neben dem objektiven Tatbestand eines auffälligen Missverhältnisses zwischen Leistung und Gegenleistung subjektiv voraus, dass der Wucherer die beim anderen Teil bestehende Schwächesituation (Zwangslage, Unerfahrenheit, mangelndes Urteilsvermögen, erhebliche Willensschwäche) ausgebeutet hat. Diese Voraussetzung ist erfüllt, wenn der Wucherer sich die Zwangslage, Unerfahrenheit usw. bewusst zunutze macht und dabei Kenntnis von dem Missverhältnis der beiderseitigen Leistungen hat. Das führt dazu, dass beim Wucherdarlehen nach § 138 Abs. 2 BGB einem Zinsanspruch des Wucherers immer § 817 Satz 2 BGB entgegensteht.

Kreditverträge können bei einer im Vergleich zum Marktzins überhöhten Verzinsung aber auch nach § 138 Abs. 1 BGB nichtig sein (wucherähnliches Geschäft), wenn zwischen Leistung und Gegenleistung ein auffälliges Missverhältnis besteht und der Kreditgeber die schwächere Lage des Kreditnehmers bewusst zu seinem Vorteil ausnutzt oder sich leichtfertig der Erkenntnis verschließt, dass der andere Teil sich nur wegen seiner schwächeren Lage auf die drückenden Bedingungen eingelassen hat[171]. Wie beim wucherähnlichen Tatbestand nach § 138 Abs.1 BGB ist dabei in der Rechtsprechung[172] auch im Rahmen des § 817 Satz 2 BGB ein leichtfertiges Handeln einem vorsätzlichem Tun

---

[169] Vgl. BGH BB 1956, S.318; 1969, 857 f.; NJW 1962, S.1148; 1983, S.1420, 1422 f.; 1995, S.1152; WM 1993, S.1323; 1994, S.63,66; 1995, S.20,22

[170] Vgl. BGH NJW 1983, 1420, 1423; 1989, 3217; 1992, 425; 1993, 2108;

[171] St. Rspr. BGHZ 80, 160; 128, 257

[172] BGH NJW 1983, S.1420, 1423 unter Berufung auf RGZ 150, 1, 5 f.

gleichgesetzt[173] mit der Folge, dass kein Zinsanspruch des Wucherers in der Rechtsprechung des Bundesgerichtshofs nach Bereicherungsrecht je bejaht wurde. Der Darlehensvertrag ist nach § 139 BGB im ganzen nichtig, so dass im Gegensatz zu den noch zu erörternden Fällen des Mietwuchers auch kein vertraglicher Anspruch auf einen angemessenen oder gerade noch zulässigen Zins gegeben ist. Eine Spaltung in einen erlaubten und unerlaubten Teil der Darlehenszinsen wie bei der Erbringung einer Dienstleistung wird nicht vorgenommen[174].

c) *Mietwucher*

aa) Tendenz zur Teilreduktion des Vertrages nach der Rechtsprechung des Bundesgerichtshofs

Im Gegensatz zum wucherischen Darlehen ist beim Mietwucher nach der Rechtsprechung[175] nur die Vereinbarung des überhöhten Mietpreises nichtig. Der auf ein wucherisches oder sonst auf ein übermäßiges Entgelt gerichtete Mietvertrag wird danach unter Beschränkung auf das gesetzlich Zulässige aufrechterhalten. Der Mieter behält seine vertraglichen Ansprüche; im Gegenzug kann der Vermieter den üblichen[176] Mietzins vom Mieter für die vertraglich vereinbarte Zeit ebenfalls aus rechtsgeschäftlich begründeter Forderung beanspruchen. Keine Rolle spielt in der Rechtsprechung mehr das Argument, dass der Mietwucherer – anders als der Darlehenswucherer - dadurch risikolos arbeiten kann.

Übersteigt die vereinbarte Miete die Kostenmiete um mehr als 50 % ist in der Regel der Tatbestand des Mietwuchers erfüllt und ein Verstoß gegen § 5 WiStG und § 291 Abs.1 Nr.1 StGB gegeben[177]. Der Mietvertrag soll jedoch gemäß § 134 2. Halbsatz BGB nur zum Teil nichtig sein, da andernfalls „ § 5 WiStG als Mieterschutzvorschrift in ihr Gegenteil verkehrt würde, wenn über den unzulässigen Teil der Mietpreisabrede hinaus der Mietvertrag insgesamt vernichtet würde und damit der Mieter seiner vertraglichen Ansprüche – insbesondere Kündigungs- und Gewährleistungsvorschriften - verlustig ginge"[178].

---

[173] BGH NJW 1983, S.1420, 1423; BGH NJW 1995, S.1152 oder gemäß § 134 BGB vgl. BGH WM 1989, S.1083, BGH NJW 1993, S.2108
[174] Siehe S.95
[175] BGH WM 1982, S.770; BGHZ 89, S.316 = NJW 1984, S.722 = WM 1984, S.236; entgegen OLG Stuttgart NJW 1981, S.2365; OLG Karlsruhe NJW 1982, S.1161; OLG Hamburg ZMR 1983, S.100
[176] OLG Stuttgart NJW 1981, S.2365; OLG Karlsruhe NJW 1982, S.1161; OLG Hamburg ZMR 1983, S.100
[177] Vgl. LG Hamburg NJW-RR 1999, S.1170 f.
[178] BGHZ 89, 316,

Das gilt selbst dann, wenn über das Vorliegen eines Verstoßes gegen § 5 WiStG hinaus auch die Voraussetzungen eines Verstoßes gegen § 138 Abs. 1 oder Abs. 2 BGB gegeben sind, das heißt, der Vermieter gewusst hat, dass ein geringes Angebot an Mietplätzen besteht und diese Tatsache bewusst genutzt hat, um einen unangemessen hohen Mietzins zu erzielen. Auf das Vorliegen subjektiver Voraussetzungen in der Person des Vermieters wird in Entscheidungen zum Mietwucher durchweg verzichtet, weil eine „Ausnutzung" im Sinne des § 5 WiStG schon dann vorliegt, wenn die sogenannte „Mangellage" der Grund für die überhöhte Mietforderung war[179]. Für das Eingreifen der Nichtigkeitsfolge genügt daher der objektive Verstoß, eine Kenntnis oder sogar niedrige Gesinnung des Vermieters wird in den Entscheidungen nicht geprüft. Der Fall des Mietwuchers wird damit immer und allein als ein solcher nach § 134 BGB beurteilt. Das Bestreben, den Fall des Mietwuchers allein als einen solchen nach § 134 2. Halbsatz BGB zu beurteilen, ermöglicht eine Einschränkung der Nichtigkeitsfolgen wie sie von fehlerhaften Arbeits- oder Gesellschaftsverträgen[180] bekannt sind.

Fraglich allerdings ist, ob der Schutz der unterlegenen Partei es gerade erfordert, den Mietvertrag bis zum gerade noch zulässigen Teil auch bei Vorliegen der Voraussetzungen nach § 138 Abs. 1 oder 2 BGB aufrechtzuerhalten. Gegen diese Lösung spricht vor allem § 139 BGB, der auch die Nichtigkeit nach § 138 Abs. 1 BGB erfasst. § 139 BGB bestimmt die Nichtigkeit des Vertrages im ganzen, wenn nicht anzunehmen ist, dass er auch ohne den nichtigen Teil vorgenommen sein würde. Dafür genügt nicht, dass die Parteien ihn auf jeden Fall, wenn vielleicht auch mit anderem Inhalt abgeschlossen hätten. Das Geschäft muss so, wie es sich ohne den nichtigen Teil darstellt, dem mutmaßlichen Parteiwillen entsprechen, und zwar dem beider Parteien[181]. Davon kann im Fall wucherischer Zinsen nicht ohne weiteres ausgegangen werden. Andernfalls wäre jedes wucherische Geschäft mit dem gerade noch zulässigen Inhalt aufrechtzuerhalten. Die Vereinbarung einer wucherischen Gegenleistung betrifft aber einen so wesentlichen Teil des Vertrages, dass die Annahme eines mutmaßlichen Parteiwillens auf das objektiv Vernünftige nur gemutmaßt, nicht aus den Umständen des Geschäfts geschlossen werden kann. Das hat zur Folge, dass mit den Regeln des Gesetzes von der Gesamtnichtigkeit nach § 139 BGB auszugehen ist, die der Privatautonomie und damit dem Parteiwillen zur größten Wirksamkeit verhelfen will. Um dieses Ziel zu erreichen, ist es erforderlich, die Annahme eines Parteiwillens, zu üblichen oder angemessenen Zinsen das Geschäft abschließen zu wollen, nicht zu unterstellen. Ist daher nach § 139 BGB von der

---

[179] Vgl. LG Hamburg NJW-RR 1999, S.1170; OLG Hamm NZM 1999, S.363 m. w. Nachw
[180] Vgl. dazu *Weber*, „Zur Lehre von der fehlerhaften Gesellschaft", 1977
[181] Vgl. nur Palandt-*Heinrichs*, § 139 Rn.14

Nichtigkeit des Vertrages im ganzen auszugehen, stellt sich die Frage, ob eine bereicherungsrechtliche Lösung – im Gegensatz zu einer geltungserhaltenden Reduktion des Vertrages - zu einem gleichgelagerten Schutz des bewucherten Mieters führt oder nicht.

bb) Bereicherungsrechtliche Lösung

Geht man aus den genannten Gründen von der Gesamtnichtigkeit des Vertrages aus, kann der Vermieter die Sache nach § 812 Abs. 1 Satz 1 Fall 1 BGB grundsätzlich sofort herausgegeben verlangen, weil der Mieter wegen der Nichtigkeit des Vertrages keine Forderung mehr gegen den Vermieter auf Gebrauchsüberlassung der Sache hat. Gegen diese Konsequenz spricht, dass es eine dadurch eintretende Notlage des bewucherten Mieters in vielen Fällen erforderlich machen kann, diese strikte Konsequenz aus der bereicherungsrechtlichen Lösung zum Schutz des Mieters durch einen vertraglichen Anspruch auf Überlassung der Sache für die vertraglich vereinbarte Zeit abzumildern. Hier kann § 817 Satz 2 BGB helfen, wenn man - wie beim wucherischen Darlehen - als Leistung nur die Gebrauchsüberlassung der Sache auf Zeit ansieht[182].

§ 817 Satz 1 BGB zu Lasten des Mieters scheidet dagegen aus, weil ihm als Bewucherten kein alleiniger und zusätzlicher Gesetzes- oder Sittenverstoß zur Last fällt, es sei denn, er hat vorsätzlich und bewusst das Mietverhältnis zu überhöhten Zinsen abgeschlossen, um sich später auf die Nichtigkeit des Vertrages und die Anwendung des
§ 817 Satz 2 BGB berufen zu können[183]. Dann steht dem Vermieter gegen den Mieter neben §§ 823 Abs. 2 BGB iVm 263 StGB auch ein Anspruch aus § 826 BGB auf Schadensersatz wegen entgangener Mietzinsen zu, vorausgesetzt er kann darlegen und beweisen, dass er für den in Frage stehenden Zeitraum einen Mietvertrag mit einem anderen Mieter zu moderaten Zinsen abgeschlossen hätte, der nur deshalb nicht zustande kam, weil der jetzige Mieter einen höheren Mietzins zu zahlen bereit war.

Handelte der bewucherte Mieter ohne Vorstellung von der Nichtigkeit des Vertrages, kann er dem Herausgabeverlangen des Vermieters aus § 812 Abs. 1 Satz 1 Fall 1 BGB den Einwand nach § 817 Satz 2 BGB entgegensetzen, der in Anlehnung an die Grundsätze zum wucherischen Darlehen die Rückabwicklung für die vertraglich vereinbarte Laufzeit des Vertrages ausschließt. Auch hier ist Leistung im Sinne des § 817 Satz 2 BGB nur die Gebrauchsüberlassung auf Zeit. Der Vermieter erhält die Sache nach Ablauf des Vertrages zurück, ohne

---

[182] Vgl. dazu näher unten nächsten Abschnitt

[183] In der Person des Mieters liegen dann tatbestandlich auch die Voraussetzungen des § 826 BGB vor

einen angemessenen oder üblichen Mietzins beanspruchen zu können. Möchte der Mieter die gemietete Sache sofort herausgeben, hat er die Möglichkeit, auf den Schutz des § 817 Satz 2 BGB zu verzichten. Möchte er die Sache für die vertraglich vereinbarte Zeit weiter nutzen, bleibt allerdings fraglich, ob ihm im Hinblick auf diesen noch verbleibenden Zeitraum Gewährleistungsrechte zustehen. Das Gesetz schließt in den §§ 812 ff. BGB für den Fall der bereicherungsrechtlichen Lösung jeden vertraglichen Anspruch aus. Canaris[184] möchte deshalb von der halbseitigen Teilnichtigkeit des Vertrages ausgehen und demgemäss dem Mieter seine Vertragsansprüche belassen, den Vermieter dagegen auf Bereicherungsansprüche beschränken. Liegen die subjektiven Voraussetzungen von § 817 Satz 2 BGB nicht vor, soll der Wucherer grundsätzlich einen Anspruch auf den üblichen Mietzins nach §§ 812, 818 Abs. 2 BGB haben.

cc) Theorie der halbseitigen Teilnichtigkeit

Die von Canaris angenommene halbseitige Teilnichtigkeit hat den Vorteil, dass grundsätzlich § 817 Satz 2 BGB zu Lasten des Vermieters einschlägig ist und damit volle Wertungsharmonie zu den übrigen Fällen der Gesetzes- und Sittenwidrigkeit hergestellt wird, während andererseits dem Mieter der Vertragsschutz – also insbesondere der Gewährleistungs- und Kündigungsschutz – erhalten bleibt. Der gesetzliche Ansatzpunkt für diese Lösung liegt nach Canaris im letzten Halbsatz von § 134 BGB, wonach Vollnichtigkeit nur eintritt, „wenn sich nicht aus dem Gesetz – und das heißt anerkanntermaßen aus dessen Schutzzweck – ein anderes ergibt"[185]. Von der Anwendung auf die Wucherfälle (§ 138 Abs. 1 oder Abs. 2 BGB) abstrahiert bedeutet diese Lösung zu § 134 BGB, dass

---

[184] Canaris, FS Steindorff, 1990, S.530

[185] Eine Stütze scheint diese Ansicht auch im Wortlaut des § 138 Abs. 2 BGB zu finden, nachdem nichtig insbesondere ein Rechtsgeschäft ist, durch das sich der Wucherer Vermögensvorteile versprechen *oder gewähren lässt*. „Oder gewähren lässt" bezieht sich dabei auf das Rechtsgeschäft mit dem der Darlehensnehmer den vereinbarten Darlehenszins an den Wucherer übereignet, also auf die dingliche Erfüllung der vereinbarten Zinszahlungspflicht. Strikt davon zu trennen ist die Übereignung der hingegebenen Darlehenssumme selbst, die auch auf der Grundlage des (neuen) § 488 BGB ins Eigentum des Darlehensnehmers übergeht. Nur die Zinszahlungen des Bewucherten sind danach ohne Rechtsgrund erbracht, wohingegen die Übereignung der Darlehenssumme rechtsbeständig ist. Das zeigt, dass das Gesetz die Nichtigkeit einzelner Rechtsgeschäfte auch im Rahmen eines Austauschvertrages kennt, bei dem nicht notwendigerweise die (nichtige) Übereignung des geschuldeten Darlehenszinses auch die Nichtigkeit der Eigentumsübertragung hinsichtlich der Darlehenssumme nach sich zieht. Allerdings bezieht sich diese Schlussfolgerung nur auf die dingliche Ebene. Daraus kann nicht der Schluss gezogen werden, dass nur die Zahlung des Mietzinses an den Vermieter von der Nichtigkeitsfolge des § 134 BGB oder § 138 BGB erfasst wird, wohingegen die Überlassung der Mietsache für die vertraglich vereinbarte Zeit auf vertraglicher Grundlage bestehen bleibt. Dies würde auf eine Verkennung des im deutschen Recht geltenden Abstraktionsprinzips hinauslaufen.

im Fall des einseitigen Verstoßes des Leistenden nur dessen Leistung der bereicherungsrechtlichen Rückabwicklung unterliegt; die Forderung des Leistungsempfängers bleibt als eine vertragliche bestehen. Das hat im Fall des gegen das Rechtsberatungsgesetz verstoßenden Steuerberaters zur Folge, dass der Beratene seinen vertraglichen Anspruch auf die von Gesetzes wegen verbotene Leistung behält.

Dies ist eine Rechtsfolge, die vom Gesetz nach § 134 BGB nicht gewollt und von der Rechtsprechung nicht gebilligt wird. In der Entscheidung zur Frage eines Vergütungsanspruchs des gegen das Rechtsberatungsgesetz verstoßenden Steuerberaters[186] führt der Bundesgerichtshof aus, dass der Zweck des Art. 1 § 1 RBerG, die Rechtsuchenden vor den Gefahren einer ungenügenden Rechtsberatung zu schützen, nur durch die Nichtigkeit des verbotswidrigen Geschäfts erreicht werden könne. Zu dieser Einschränkung ist allerdings auch Canaris bereit, wenn er die halbseitige Teilnichtigkeit nur dann annimmt, wenn sich aus dem Gesetz, gegen das verstoßen wurde, ein anderes – und nach dieser Auffassung die Teilwirksamkeit des Vertrages - ergibt (§ 134 2. Halbsatz BGB). Letztlich entscheidet also der Normzweck des verletzten Verbotsgesetzes über die Anwendung vertraglicher oder bereicherungsrechtlicher Regeln und das, obwohl in beiden Fällen, sowohl des Verstoßes gegen das Rechtsberatungsgesetz als auch im Fall des Mietwuchers, die verletzte Norm dem Schutz des Leistungsempfängers dient und daher eine Gleichbehandlung geboten ist.

Folgt man der bereicherungsrechtlichen Lösung, ist allerdings unstreitig, dass über den Schutz des § 817 Satz 2 BGB hinaus keine weitergehenden Rechte des Mieters bestehen. Insbesondere hat er für die noch verbleibende Zeit keine Gewährleistungsansprüche mehr gegen den Vermieter, etwa nach § 536 a BGB wegen eines Mangels, der wegen eines nachträglichen Umstands entsteht, den der Vermieter zu vertreten hat (§ 536 a Fall 2 BGB). Insofern stellt ihn die am gesetzlichen Leitbild orientierte Lösung über das Bereicherungsrecht in der Tat schlechter als die geltungserhaltende Reduktion des Vertrages. Etwas anderes ergibt sich auch nicht aus der Anwendung der Regeln über das Eigentümer-Besitzer-Verhältnis, die einschlägig sind, wenn der Vertrag als in vollem Umfang nichtig angesehen wird. Vorausgesetzt § 817 Satz 2 BGB findet nach ständiger Rechtsprechung auf Ansprüche aus §§ 985 (986), §§ 987 ff. und §§ 994 ff. BGB keine Anwendung, was noch zu erörtern ist[187], ergibt sich, dass der Mieter nach §§ 994 ff. BGB nur Ersatz seiner auf die Sache gemachten Verwendungen verlangen kann. Weitergehende Rechte stehen ihm nicht zu. Ein vertraglicher Anspruch insbesondere auf Schadensersatz nach § 536 a BGB ist ausgeschlos-

---

[186] BGH NJW 2000, S.1560 = WM 2000, S.1342 = BB 2000, S.740
[187] Vgl. unten S 132

sen. Er ist insoweit auf die deliktsrechtlichen Vorschriften der §§ 823 ff. BGB angewiesen und den damit verbundenen Schwächen im Deliktsrecht im Gegensatz zum Vertragsrecht. Hier greift die Rechtsprechung zugunsten des bewucherten Vermieters ein, indem sie den vertraglichen Schutz auch bei Vorliegen der Voraussetzungen nach § 138 BGB, der zur Totalnichtigkeit führt, aufrechterhält. Sie widerspricht damit dem gesetzlichen Leitbild, das auch bei der Rückabwicklung gesetzes- oder sittenwidriger Verträge von zwei gleichberechtigten Parteien ausgeht, wenn der Vertrag im ganzen nichtig ist. Gedanklicher Aufhänger und Rechtfertigung ist dabei wiederum die Argumentation vom Normzweck des Gesetzes her, gegen das verstoßen wurde.

2. Verstoß sowohl des Leistenden als auch des Leistungsempfängers

a) Einschränkung des § 817 Satz 2 BGB nach Treu und Glauben in Abhängigkeit vom Verbotszweck;

Eine weitere Einschränkung hat § 817 Satz 2 BGB in der Rechtsprechung des Bundesgerichtshofs durch die heftig kritisierte Schwarzarbeiterentscheidung erfahren, in der der vorleistende Schwarzarbeiter Vergütung für seine schon geleisteten Dienste verlangte.

BGHZ 111, 308 ff.[188]

Der Bundesgerichtshof billigte dem vorleistenden Schwarzarbeiter einen Wertersatzanspruch zu, allerdings gemindert um den Wert, dass vertragliche Gewährleistungsansprüche wegen der Nichtigkeit des Vertrages nicht gegeben sind, und im Wege des Bereicherungsausgleichs der Schwarzarbeiter nicht mehr verlangen könne, als ihm – in nichtiger Weise – vertraglich versprochen worden sei[189]. Der Zivilsenat begründet seine Entscheidung damit, dass bei Anwendung des den Gläubiger hart treffenden Rückforderungsverbots des § 817 Satz 2 BGB nicht außer Betracht bleiben könne, welchen Zweck das in Frage stehende Verbotsgesetz verfolge. Der vom Gesetzgeber angestrebten generalpräventiven Wirkung sei mit dem Ausschluss vertraglicher Ansprüche, verbunden mit der Gefahr einer Strafverfolgung und der Nachzahlung von Steuern und Sozialabgaben bei Bekanntwerden der Schwarzarbeit Genüge getan. Andernfalls wäre es mit den Grundsätzen von Treu und Glauben (§ 242 BGB) nicht zu vereinbaren,

---

[188] BGHZ 111, 308 ff = NJW 1990, S.2542 = WM 1990, S.1669 = ZIP 1990, S.1086 = EWiR 1990, S.889
[189] BGHZ 111, 308, 312

wenn der (ebenfalls gegen das Gesetz verstoßende) Auftraggeber den rechtswidrig erlangten Vorteil unentgeltlich behalten könne.

Die Überlegung, dass derjenige, der sich auf die Gesetzes- oder Sittenwidrigkeit beruft, bei beiderseitigem verbotswidrigem Verhalten keinen Vorteil aus dem Umstand der Vorleistung ziehen soll, beherrschte schon die Entscheidung des Bundesgerichtshofs zur unerlaubten Arbeitnehmerüberlassung[190], die zeitlich vor der Schwarzarbeiterentscheidung lag.

BGHZ 75, 299 ff.

Der Verleiher von Arbeitnehmern hatte ohne die erforderliche Erlaubnis nach dem Arbeitnehmerüberlassungsgesetz (AÜG) Arbeiter überlassen, womit die vertragliche Beziehung zwischen ihm und dem Entleiher gegen Art. 1 § 9 Nr. 1 AÜG verstieß und somit nach § 134 nichtig war. Er forderte vom Entleiher Ersatz der von ihm an die Arbeiter ausgezahlten Löhne und sonstigen Abgaben. Der Bundesgerichtshof billigte ihm einen Anspruch in Höhe dessen zu, was er als Lohn an die Arbeiter gezahlte hatte (§§ 267, 812), ohne § 817 Satz 2 BGB anzuwenden. Es genüge, „wenn gegen den Verleiher wegen der von ihm begangenen Ordnungswidrigkeit eine Geldbuße verhängt werde und er aus der verbotenen Arbeitnehmerüberlassung keinen Gewinn ziehen könne, weil er wegen der Nichtigkeit des Vertrages mit dem Entleiher von diesem nicht die vereinbarte Vergütung und auch keinen Wertersatz für die von den Arbeitern geleisteten Dienste verlangen könne. Es bestehe kein Grund, dem Entleiher auf diese Weise einen weiteren Vorteil aus der Überlassung der Arbeitskräfte zukommen zu lassen, die er in seinem Betrieb auch tatsächlich beschäftigt habe.

Maßgeblich dafür war, dass das AÜG nur die gewerbsmäßige Arbeitnehmerüberlassung, die ohne die dafür vorgeschriebene Erlaubnis betrieben wird, verhindern wolle, nicht hingegen das, was an vom Gesetz nicht missbilligten Leistungen erbracht worden sei. Nach dem Schutzzweck des Gesetzes solle es niemandem verwehrt sein, auch dem Verleiher nicht, die Leiharbeitnehmer für die von ihnen geleistete Arbeit zu entlohnen. Das Gesetz fingiere dafür ein Arbeitsverhältnis zwischen den Leiharbeitnehmern und dem Entleiher (Art.1 § 10 Abs. 1 AÜG[191]). Die Fiktion eines Arbeitsverhältnisses zwischen Entleiher und Leiharbeitnehmer sei allein im Interesse des Leiharbeitnehmers geschaffen worden. Dieser Sicherungszweck würde verfehlt, wenn der Leiharbeitnehmer bei Nichtigkeit seines Vertrages mit dem Verleiher Bereicherungsansprüchen des Verlei-

---

[190] BGHZ 75, 299 ff.= WM 1980, S.133 ff.; BGH NJW 2000, S.1557, 1558 = WM 2000, S.785; NJW 2000, S.3492, 3495 = WM 2000, S.2257
[191] AÜG idF vom 7.8.1972, BGBl I 1393

hers auf Rückerstattung bereits gezahlter Löhne ausgesetzt wäre. Dann würde er schlechter stehen, als er ohne das fingierte Arbeitsverhältnis mit dem Entleiher stünde. Dem aus §§ 267, 812 BGB herzuleitenden Bereicherungsanspruch des Verleihers gegen den Entleiher stehe deshalb auch § 817 Satz 2 BGB nicht entgegen.

Die Entscheidung ist in der Literatur auf Kritik gestoßen[192]. Es wird gegen sie geltend gemacht, dass nicht einzusehen sei, warum eine Umwidmung der Leistungskondiktion in eine Rückgriffskondiktion vom Makel des Gesetzesverstoßes befreit sein solle. Der Zweck des Arbeitnehmerüberlassungsgesetzes, eine verbotene Arbeitnehmerüberlassung zu verhindern, könne nur erreicht werden, wenn man dem Verleiher einen Rückgriffsanspruch gegen den Entleiher versage. Im Ergebnis besteht jedoch Einstimmigkeit darüber, dass die Anwendung des § 817 Satz 2 BGB den Normzweck des AÜG nicht konterkarieren darf[193], dem, wenn er wie hier dazu führen soll, die Leiharbeitnehmer vor Rückforderungsansprüchen des Verleihers zu schützen, § 817 Satz 2 BGB nicht entgegengehalten werden kann.

Anders wird dies im Fall der Schwarzarbeit gesehen. Das Augenmerk der Stellungnahmen in der Literatur richtet sich dabei vor allem auf die auf § 242 BGB gestützte Auffassung des Gerichts, dass Sinn und Zweck des Schwarzarbeitergesetzes es nicht erforderlich machten, dem vorleistenden Schwarzarbeiter seinen Vergütungsanspruch in strenger Anwendung des § 817 Satz 2 BGB zu versagen. Eine Auffassung hält die Kondiktion entgegen § 817 Satz 2 BGB für notwendig, um dem Verbot Nachdruck zu verleihen und dem ebenfalls verbotswidrig handelnden Auftraggeber keinen Vorteil zukommen zu lassen[194]. Die andere Auffassung will den Bereicherungsanspruch versagen, weil andernfalls das Verbot der Schwarzarbeit seine abschreckende Wirkung verlöre[195]. Es wird vorgetragen, dass die Frage eines Wertausgleichs, ausgerichtet am Normzweck des Verbotsgesetzes, gegen das verstoßen wurde, keine Rechtssicherheit für künftig zu entscheidenden Fälle bringe, in denen beide Teile verbotswidrig gehandelt haben und ein Teil bereits vorgeleistet hat. Mit „Sinn und Zweck des Verbotsgesetzes" könnten keine materiellen Kriterien gelten, die eine Regelbildung erlauben.

---

[192] *Dauner* JZ 1980, S.495, 499 f.; Staudinger- *Lorenz* § 817 Rdnr.10; aA nur *Canaris*, FS Steindorff 1990, S.519 ff., 529
[193] *Honsell*, 1974, S.150; *Reuter/Martinek*, § 6 V 1c, d, S.209 ff.; *Larenz/Canaris*, § 68 III 3 f, S.166; MünchKomm-*Lieb* § 817 Rdnr.13; *Erman/H.P.Westermann* § 817 Rdnr.2, 10; *Schlechtriem*, Kap. 3 Rdnr.464, S.640
[194] Soergel-*Hefermehl* § 134 Rdnr.55; *Sonnenschein* JZ 1976, S.497 ff., 501
[195] *Tiedtke* NJW 1983, S.713 ff., 715

BGHZ 118, 182 ff.

Als Beispiel dient in diesem Zusammenhang oft die Entscheidung des Bundesgerichtshofs vom 5. Mai 1990[196], in der dem Zahlungsverlangen eines Verlages, der eine Anzeige veröffentlicht hatte, die gegen das Prostitutionswerbeverbot verstieß, erfolgreich mit § 817 Satz 2 BGB begegnet werden konnte. Der Entscheidung lag folgender Sachverhalt zugrunde:

Der klagende Verlag verlangte Vergütung für eine Anzeige, die gegen das Prostitutionswerbeverbot des § 120 Abs.1 Nr. 2 OWiG verstieß. Anders als in der Schwarzarbeiterentscheidung lehnte der erkennende X Zivilsenat eine einschränkende Auslegung des Rückforderungsausschlusses ab, weil sonst die mit § 120 Abs. 1 Nr. 2 OWiG verfolgte gesetzgeberische Intention nicht erreicht werde. § 120 OWiG diene dem Schutz der Allgemeinheit, namentlich von Jugendlichen vor den mit der Prostitution verbundenen Belästigungen und Gefahren. Ziel der Vorschrift sei es, der Prostitution bereits im Vorfeld durch weitgehende Werbebeschränkungen zu begegnen, ohne dass es auf eine konkrete Belästigung oder Gefährdung im Einzelfall ankomme. Dieses vom Gesetzgeber erstrebte Ziel würde weitgehend unterlaufen, wollte man dem durch die Werbung gegen das Gesetz verstoßenden, vorleistenden Vertragsteil einen bereicherungsrechtlichen Ausgleich auf Wertersatz nach den §§ 812, 818 Abs. 2 BGB zubilligen.

Der X. Zivilsenat hält eine am Normzweck des § 120 Abs. 1 Nr. 2 OWiG begründete Entscheidung jedoch offenbar nicht für ausreichend, denn er ergänzt seine Entscheidungsgründe dahingehend, dass derjenige, der bewusst gegen ein Verbotsgesetz verstößt, ohne Schutz bleiben soll: „Er soll auch dadurch veranlasst werden, von dem Abschluss des verbotenen Geschäfts abzusehen. Könnte der für Prostitution Werbende ein Entgelt verlangen, würde er sich leichter entschließen, gesetzeswidrig zu handeln"[197].

b) Rückabwicklung anhand des Normzwecks oder der Aufrechterhaltung eines sittenwidrigen Zustands

Diese Unsicherheit sollte aber nicht dazu verleiten, den Rückgriff auf Sinn und Zweck der Verbotsvorschrift gleichermaßen für die Frage der Wirksamkeit als auch für die Frage der Rückabwicklung abzulehnen. Ein Grund dafür, den Kondiktionsausschluss ohne Rückgriff auf den Normzweck des Verbotsgesetzes o-

---

[196] BGHZ 118, 182 ff. = NJW 1992, S.2557 = WM 1992, S.1780 = ZIP 1992, S.1242; EWiR 1992, S.1055 mAnm *Martinek*
[197] BGHZ 118, 182, 185

der die herrschende Sittenordnung anhand der Tatbestandsmerkmale des § 817 Satz 2 BGB zu bestimmen, mag darin liegen, dass der Wortlaut der Vorschrift selbst keinen Normzweckvorbehalt enthält. Darüber hinaus sind Normzwecke von Verbotsvorschriften, sei es zum Schutz der Allgemeinheit oder auch nur zum Schutz des anderen Vertragsteils in Überschneidungskreisen denkbar, so dass eine eindeutige klare systematische Vorgabe nicht zu leisten ist.

Weyer[198] unterscheidet zwischen Verbotsvorschriften, die dem *Schutz von Allgemeininteressen* dienen, wie im Falle des Kaufs von Ausbildungsplätzen entgegen § 5 Abs. 2 Nr. 1 BBiG[199], der Verpachtung eines Bordellgrundstücks[200] oder der Darlehenshingabe zur Verwirklichung eines verbotenen oder sittenwidrigen Zwecks, der sonst gleichsam legalisiert würde[201]. Verbotsvorschriften können seiner Meinung nach aber auch dem *Schutz Dritter* dienen, wie im Fall des Verkaufs einer Mandantenkartei unter Verletzung der nach § 203 Abs.1 Nr.1 bzw. Nr.3 StGB geschützten Privatgeheimnisse[202]. Ausnahmen von § 817 Satz 2 sollen zum andern erforderlich sein, wenn das Verbotsgesetz *gerade den Bereicherungsgläubiger schützen soll*, sei es den Leistenden vor sich selbst[203], sei es dessen Rechtsnachfolger[204].

Die Rückabwicklung soll seiner Meinung nach dagegen ausgeschlossen sein, wenn die Kommerzialisierung einer Leistung unterbunden werden soll und diese in natura nicht zurückgefordert werden kann. Hier soll auch ein Anspruch auf Wertersatz ausscheiden. Ähnliches soll gelten, wenn ein Anspruch auf Wertersatz einen normzweckwidrigen Anreiz zur Vornahme des untersagten Verhaltens setzen würde, weil der Verletzte seine Leistung bei normgerechtem Verhalten nicht in gleichem Umfang hätte verwerten können. Das bedeutet für die Fälle z. B. der unerlaubten Rechtsberatung, dass der beratenden Steuerberater auch nicht Ersatz für die „erlaubte" Tätigkeit verlangen kann, wenn er sie ohne die Vornahme der unerlaubten Tätigkeit so nicht hätte erbringen können. Die

---

[198] Weyer WM 2002, S.627 ff., 631

[199] BAG NJW 1983, S.783

[200] BGHZ 41, 341, 343 f.

[201] BGH NJW-RR 1990, S.750, 751 = WM 1990, S.799; NJW 1995, S.1152, 1153 = WM 1995, S.566; NJW 1998, S.2895, 2896

[202] BGHZ 115, 123 ff.; OLG München NJW 2000, 2592, 2595; so auch schon Fabricius JZ 1963, S.86 ff.: Ausschluss solcher Verbotsgesetzes, die den Schutz unbeteiligter Dritter oder des Leistenden bezwecken.

[203] *Reuter/Martinek*, § 6 V 1 c, S.210; auch LG Berlin WuM 1993, S.185; a.A *Larenz/Canaris*, § 68 III 3 f, S.166, der schon einen Verstoß des Geschützten für ausgeschlossen hält.

[204] MünchKomm-*Lieb* § 817 Rdnr.31; *Reuter/Martinek*, § 6 V 2d, S.225; vgl. auch *Dauner* JZ 1980, S.495, 497 zu Vermögensverschiebungen in gläubiger- oder erbenschädigender Absicht.

von der Rechtsprechung häufig vorgenommene künstliche Trennung von gesetzlich nicht missbilligten und von Gesetzes wegen missbilligten Leistungen würde somit vermieden.

Gegen diese Auffassung spricht allerdings, dass Normzwecke von Verbotsvorschriften in Überschneidungskreisen denkbar sind. So verfolgt z.B. Art 1 § 1 RBerG zum einen das Ziel, den Rechtsuchenden vor den Folgen unsachgemäßer Rechtsberatung zu schützen. Ziel des Verbots unerlaubter Rechtsberatung ist aber auch, wenn auch nicht in erster Linie, im Interesse einer zuverlässigen Rechtspflege und damit dem Schutz staatlicher Belange und der Allgemeinheit eine sachgemäße Rechtsberatung zu gewährleisten[205].

Das Ziel, den Rechtsuchenden vor den Folgen unsachgemäßer Rechtsberatung zu schützen, erfordert nicht notwendigerweise, dem Berater einen Vergütungsanspruch auch für den Teil der Leistungen vorzuenthalten, die nicht unter die Tatbestände einer erlaubnispflichtigen Tätigkeit nach dem Rechtsberatungsgesetz fallen, weil hier der mit dem Verbot der unerlaubten Rechtsberatung verbundene Zweck so nicht erreicht werden kann. Sieht man dagegen im Schutz der staatlichen Rechtspflege ein Hauptanliegen der Verbotsvorschrift des Art 1 § 1 RBerG, muss im Sinne einer mit der Vorschrift verfolgten Prävention vor weiteren Verstößen jeglicher Vergütungsanspruch versagt werden.

Der Bundesgerichtshof geht - wie gesehen - vermittelnd einen anderen Weg, indem er dem Berater einen Wertersatzanspruch für den „erlaubten" Teil der Dienste nur zubilligt, wenn er sich eines Verstoßes gegen das Gesetz nicht bewusst war. Das Erfordernis des Verschuldens als ungeschriebenes subjektives Tatbestandsmerkmal im § 817 Satz 2 ermöglicht so eine restriktive Handhabung des § 817 Satz 2, die Konflikte mit dem Normzweck des Verbotsgesetzes von vornherein ausschließt. Dieser Ansatz, § 817 Satz 2 BGB unabhängig vom Normzweck auf Tatbestandebene einzuschränken, wird jedoch der erforderlichen differenzierten Anpassung an unterschiedliche Normzwecke nicht gerecht und läuft Gefahr, die hinter § 817 Satz 2 stehende Intention des Gesetzgebers zu unterlaufen, sei es in Gestalt eines Präventionszweckes oder nach hier vertretener Ansicht in Gestalt eines Interesses an der Aufrechterhaltung einer in sich widerspruchsfreien und funktionierenden Rechtsordnung. Das Interesse an einer zuverlässigen Rechtspflege kann die Rückabwicklung auch dann verlangen, wenn der Leistende nicht gewusst hat, dass er mit seiner Leistung gegen das berufliche Rechtsberatungsverbot verstoßen hat.

---

[205] Vgl. BGHZ 48, 12, 17

Die Konsequenz, die Rückabwicklung verbotener oder sittenwidriger Geschäfte generell vom Normzweck des Verbotsgesetzes abhängig zu machen, wird von der Rechtsprechung jedoch gescheut[206]. Ein solcher unmittelbar an den Normzweck des verletzten Verbotsgesetzes anknüpfender Ansatz entspricht aber der Rechtslage zur Frage, wann Rechtsgeschäfte nach § 134 BGB oder § 138 BGB wegen Verstoßes gegen ein gesetzliches Verbot nichtig sind. § 817 Satz 2 BGB liegen auf der bereicherungsrechtlichen Ebene keine eigenständigen Wertungen zugrunde, die unabhängig von der herrschenden Sittenanschauung oder dem mit dem gesetzlichen Verbot intendierten Interesse des Gesetzgebers bestehen[207]. Das wird zum einen mit dem im Tatbestand des § 817 Satz 2 BGB angelegten Rekurs auf die §§ 134 und 138 BGB deutlich. Zum anderen ist anerkannt, dass spezialgesetzliche Regeln, wie z. B. die gesellschaftsrechtlichen Rückforderungsansprüche nach § 31 GmbHG oder § 62 AktG[208], nicht den bereicherungsrechtlichen Einschränkungen unterliegen. Schon immer sah sich der Gesetzgeber veranlasst, von der viel zu weit greifenden Kondiktionssperre bei gesetz- und sittenwidrigen Verträgen im Interesse der Durchsetzung des mit ihnen verfolgten Zwecks Ausnahmen zuzulassen[209]. § 5 der Preisüberwachungsverordnung vom 7. Juli 1942 schloss die Anwendbarkeit des § 817 Satz 2 BGB aus und gewährte der Schutzperson in jedem Fall die Rückforderung des Überpreises. Ähnliche Reglungen brachte § 23 Abs. 2 GÜKG[210]. Gegenüber dem Anspruch des Transportunternehmers auf Rückzahlung tarifunterschreitender Zuwendungen kann sich der Zuwendungsempfänger – ebenso- wie der Auftraggeber gegenüber dem Anspruch auf Zahlung des vollen tariflichen Beförderungsentgelts nicht auf § 817 Satz 2 BGB berufen[211]. Die Rückforderung dient der Tarifeinhaltung.

Schließlich ist nach hier vertretener Auffassung Sinn und Zweck des § 817 Satz 2 BGB das Interesse an einer funktionierenden und in sich widerspruchsfreien Rechtsordnung. Eine solche besteht aber nur, wenn dem Gedanken des Normzwecks, der zur Nichtigkeit auf Vertragsebene führt, auch bei der Frage der bereicherungsrechtlichen Rückabwicklung Rechnung getragen wird. Das kann auch bedeuten, dass die Rückabwicklung entgegen § 817 Satz 2 BGB zugelas-

---

[206] Vgl. nur BGH NJW-RR 1993, S.1457 = WM 1993, S.1765, dazu WuB IV A § 817 BGB 1.94 *Köndgen*
[207] aA *Weyer* WM 2002, S.627, 628
[208] Vgl. *Weyer* WM 2002, S.627, 630 mit Hinweis auf *Scholz/H.-P.Westermann*, GmbHG, Bd. 1, 9. Aufl. 2000, § 31 GmbHG; *Hueck/Fastrich* in: Baumbach/Hueck, GmbHG, 17. Aufl. 2000, § 31 Rdnr.3; *Henze* in :Großkomm, AktG, 4.Aufl. 2001, § 62 Rdnr.8, 11; *Hüffer*, AktG, 4.Aufl. 1999, § 62 Rdnr.2,9
[209] Vgl. dazu den Überblick bei *König*, Gutachten und Vorschläge, S.1532
[210] Güterkraftverkehrsgesetz vom 17. Oktober 1952 (BGBl. I S. 557)
[211] BGH NJW-RR 1987, S.1009 = MDR 1987, 906 = VersR 1987, S.882

sen werden muss, wenn der durch den Rückforderungsausschluss geschaffene Rechtszustand mit Sinn und Zweck des Verbotsgesetzes oder der geltenden Sittenmoral unvereinbar ist.

Es leuchtet ein, dass die Grundsätze der Nichtigkeit, die anspruchsbegründend zum Fehlen des rechtlichen Grundes nach § 812 Abs.1 Satz 1 Fall 1 BGB führen, auch für den sich von Gesetzes wegen anschließenden Ausgleich nach Bereicherungsrundsätzen maßgeblich sein sollen. Von Caemmerer[212] ging 1950 ganz selbstverständlich davon aus, dass § 817 Satz 2 BGB unter einem Normzweckvorbehalt steht. König forderte in seinem Gutachten zur Überarbeitung des Schuldrechts 1984 den ausdrücklichen Rückgriff auf den Normzweck des Verbotsgesetzes zur Beurteilung der grundsätzlich durch die Einwendung des § 817 Satz 2 BGB ausgeschlossenen Rückforderung des schon Geleisteten bei verbots- oder sittenwidrigen Verträgen[213]. Seine Auffassung ist auf wenig Resonanz gestoßen[214], wird aber in den neueren Entwürfen zur Schaffung eines einheitlichen Europäischen Zivilgesetzbuchs wieder aufgegriffen und befürwortet. Die Kommission für Europäisches Vertragrecht[215] sieht in ihrem Textentwurf einen eigenen Artikel für die Rückabwicklung verbotsbedingter nichtiger Verträge vor, der unter mehreren Kriterien an erster Stelle den Normzweck des verletzten Verbotsgesetzes und den geschützten Personenkreis berücksichtigen will[216].

Der Normzweck des Verbotsgesetzes liefert darüber hinaus zumindest eine nachvollziehbare Begründung und bildet einen rationalen Ansatzpunkt nicht nur für die Frage der Wirksamkeit, sondern auch für die Frage der Rückabwicklung nach Bereicherungsgrundsätzen. Er gibt im Gegensatz zu den auf Tatbestandebene vorgenommenen Modifizierungen des Rückforderungsausschlusses einen einheitlichen dogmatischen Ausgangspunkt, dessen Begründung der Wertung unterliegt, mag die Beurteilung im Einzelfall überzeugen oder nicht.

---

[212] v. Caemmerer, SJZ 1950, S.646, 650; danach *Fabricius* JZ 1963, 85 ff.; ähnlich *Flume*, Das Rechtsgeschäft, § 18, 10 h (S. 369); *Larenz* II § 69 III b, S. 563; *Fikentscher* § 99 I 6 Rdnr.1113, S. 691; krit.: *Erman-H.P.Westermann* Rdnr. 15
[213] *König*, Gutachten und Vorschläge, S. 1522: § 1 (2) Die Rückforderung soll ausgeschlossen sein, soweit die Rückforderung des in Erfüllung eines nichtigen Schuldvertrags Geleisteten dem Schutzzweck der Nichtigkeitsnorm zuwiderliefe.
[214] Ihm zustimmend nur *Schlechtriem*, Restitution und Bereicherungsausgleich in Europa, Bd. I, 2000, Kap.3 Rdnr. 1, S.404 und Rdnr. 464, S.640, *Weyer* WM 2002, S.627, 628
[215] Sog. „Lando-Komission"
[216] Kapitel 15 Artikel 15:104 Absatz (2) in Verbindung mit Art 15:102 Absatz (3); aufgeführt unter www.cbs.dk (Commission on European Contract Law)

Der Bundesgerichtshof geht bislang nur in wenigen Fällen[217] davon aus, dass §§ 134 oder 138 BGB im Konfliktfall aufgrund des Normzwecks oder der geltenden Sittenanschauung der Vorrang vor § 817 Satz 2 BGB eingeräumt wird.

BGH WM 1990, S.799 ff.

Die letzte in diesem Zusammenhang so begründete Entscheidung des Bundesgerichtshofs erging 1990. Ihr lag folgender Sachverhalt zugrunde:

In der Entscheidung des Bundesgerichtshofs vom 15. März 1990 klagte die kreditgebende Bank auf Rückzahlung eines zum Zweck des Erwerbs eines Schiffes und dessen Umbau als Bordell ermöglichenden Darlehens. Die Kreditnehmerin selbst war nur zwischengeschaltet und sollte nicht selbst Betreiberin des Bordells werden. Der Darlehensvertrag war wegen Verstoßes gegen die guten Sitten nichtig. Dem Bereicherungsanspruch der kreditgebenden Bank konnte § 817 Satz 2 BGB nicht entgegengehalten werden, weil „damit der sittenwidrige, von der Rechtsordnung missbilligte Zweck gleichsam legalisiert würde; der Bordellbetreiber könnte das Kapital nämlich endgültig behalten und auf Dauer zur Fortsetzung seines Betriebs nutzen". War damit der Weg für eine Rückabwicklung geebnet, scheiterte die Inanspruchnahme der Kreditnehmerin daran, dass sie selbst nie die wirtschaftliche Verfügungsmacht über das Geld erhalten hatte und den gegenüber dem Empfänger des Geldes bestehenden Bereicherungsanspruch zur Abtretung an die klagende Bank angeboten hatte.

Die Kondiktion wurde damit unabhängig von den Tatbestandsmerkmalen des § 817 Satz 2 BGB zugelassen. Die Erwägung z.B., dass die Darlehenssumme nicht endgültig im Vermögen der Kreditnehmerin verbleiben sollte[218] und ihrer Rückforderung schon deshalb § 817 Satz 2 BGB entgegengehalten werden könne, spielte keine Rolle mehr. Die Entscheidung, die sich allein daran orientiert, ob der mit dem Rückforderungsausschluss geschaffene tatsächliche Zustand dem mit der Norm des § 817 Satz 2 BGB intendierten Schutz entspricht, ist allerdings bisher vereinzelt geblieben.

---

[217] BGHZ 41, 341, 343 f.; BGH WM 1990, S.799 = NJW-RR 1990, S.750, 751 = WuB I E 1.- 16.90 *Emmerich*
[218] RGZ 161, 52 ff. (GS); seither ständige Rechtsprechung : vgl. zuletzt BGH WM 1995, S.20, 22 mwNachw

V. § 817 Satz 2 BGB und die Vindikation

Eine Einschränkung des § 817 Satz 2 BGB nach Sinn und Zweck der Verbotsnorm halten auch diejenigen für entbehrlich, die die Vindikation nicht dem Rückforderungsausschluss nach § 817 Satz 2 BGB unterfallen lassen wollen[219].

Eine Stütze findet diese Ansicht in der Tatsache, dass die Frage, ob § 817 Satz 2 BGB auch auf andere als Bereicherungsansprüche anwendbar ist, nach ständiger Rechtsprechung verneint wird[220]. Es findet sich in allen zu dieser Frage entschiedenen Fällen des Bundesgerichtshofs die Aussage, „der Ausnahme- und Strafcharakter der Vorschrift verbiete es, ihr einen über das Bereicherungsrecht hinausreichenden allgemeinen Rechtsgedanken zu entnehmen und sie auf andere als bereicherungsrechtliche Ansprüche auszudehnen". Dies führt zu einem im Zusammenhang mit § 817 Satz 2 BGB und dem Herausgabeanspruch aus §§ 985 (986) BGB oft gerügtem Wertungswiderspruch[221]. Ist nämlich die Sittenwidrigkeit eines schuldrechtlichen Geschäfts so gravierend, dass sie ausnahmsweise auf das dingliche Geschäft durchschlägt, kann der Leistende plötzlich das übereignete Grundstück aus § 985 BGB herausverlangen[222], während bei bloßer Nichtigkeit des schuldrechtlichen Geschäfts der Herausgabeanspruch nach § 812 Abs.1 Satz 1 Fall 1 BGB an § 817 Satz 2 BGB scheitern würde. Bei Verstößen also, die wegen ihrer Schwere sogar das dingliche Geschäft antasten, kann der Leistende den Gegenstand vindizieren. Das alles legt den Schluss nahe, § 817 Satz 2 BGB auch auf den Anspruch aus §§ 985, (986) BGB auszudehnen.

Für diese Ansicht spricht auch die Überlegung der Konkurrenz der Vindikation mit den Regeln des Bereicherungsrechts in Fällen der Leisungskondiktion[223]: Die Gründe, die zum Ausschluss des Bereicherungsrechts neben den Vorschriften über das Eigentümer-Besitzer-Verhältnis führen, liegen in der Privilegierung des redlichen und unverklagten (unrechtmäßigen) Besitzers, der nach § 993 2. Halbsatz BGB nicht alle Nutzungen, sondern nur die sogenannten Übermaßfrüchte herauszugeben hat. Diese Privilegierung wird jedoch für den Fall der

---

[219] MünchKomm-*Lieb* § 817 Rdnr.13, 25; MünchKomm-*Mayer-Maly/Armbrüster*, 4.Aufl. 2001, § 134 Rdnr.114

[220] Vgl. nur RGZ 70, 1, 5; BGHZ 39, 87, 91; BGH (IV ZR 37/50) NJW 1951, 643; BGH (VIII ZR 56/63) BGHZ 41, 341 und BGHZ 44, 1; 63, 365, 369; BGH NJW 1992, 310 = WM 1992, S.151 = VersR 1992, S.106

[221] Vgl. nur Staudinger-Lorenz § 817 Rdnr.14; Westermann aaO S495 m w Nachw.

[222] RGZ 145, 152; BGH NJW 1951, S.643; JZ 1964, S.558; kritisch deshalb Staudinger-*Lorenz* § 817 Rdnr.14; MünchKomm-*Lieb* § 817 Rdnr.25; *Esser/Weyers* § 49 III 2 (S.); *Koppensteiner/Kramer*, S.63 f.; *Larenz/Canaris*, Bd. II/2 § 68 III 3 c, S. 165 f.; *Medicus* II, Rdnr. 668, S. 313 f.

[223] *Habersack*, Examens-Repetitorium Sachenrecht, 3.Aufl.2003, S.51 f.

Leistungskondktion nicht strikt befürwortet. Ungeachtet der Regeln des Eigentümer-Besitzer-Verhältnisses soll der Eigentümer einen etwaigen Anspruch aus Leistungskondiktion haben, weil die nur dem deutschen Recht eigentümliche Trennung von Verpflichtungs und Verfügungsgeschäft keine zutreffende Abgrenzung des Anwendungsbereichs der Leistungskondiktion zum Eigentümer-Besitzer-Verhältnis und damit auch dem auf die Leistungskondiktion anwendbaren § 817 Satz 2 BGB liefern kann. Konsequent wäre es demnach nur, § 817 Satz 2 BGB, der auf die allgemeine Leistungskondiktion zugeschnitten ist, auch auf einen Anspruch aus §§ 985, (986) BGB auszudehnen.

Ist dies ein Argument für die Ausdehnung des § 817 Satz 2 BGB finden sich auch Überlegungen, die den Schluss auf das Gegenteil nahelegen: Führt man sich die §§ 985 ff. BGB vor Augen wird deutlich, dass eine parallele Regelung im Eigentümer-Besitzer-Verhältnis für den Fall des bösgläubigen Eigentümers fehlt. An keiner Stelle der §§ 985 ff. BGB werden Ansprüche des Eigentümers ausgeschlossen, weil er wusste oder fahrlässig nicht wusste, dass ein vertragliches Verhältnis zwischen ihm und dem Besitzer (wegen Gesetzes- oder Sittenverstoßes) nicht begründet wurde. Das legt die Vermutung nahe, dass die §§ 985 ff. BGB allein auf einen Ausgleich der aus dem Eigentum gezogenen Nutzung abzielen, und damit ein auf Seiten des Leistenden liegender Verstoß ungesühnt bleiben soll. Nur so sind auch die Sätze des Bundesgerichthofs in einem ersten zu dieser Frage entschiedenen Sachverhalt zu beurteilen, in dem es heißt „Wenn der Klageanspruch auf die §§ 823 oder §§ 985 BGB gestützt werden kann, steht dem Kläger durchweg auch ein von der Rechtsordnung stärker geschütztes Recht zur Seite als dem bloßen Bereicherungsgläubiger, im vorliegenden Falle das straf- und zivilrechtlich in besonderem Maße geschützte Eigentum"[224]

BGHZ 41, 341

Die Anwendung des § 817 Satz 2 BGB auch auf einen Anspruch aus § 985 BGB führt darüber hinaus zu einem weiteren Problem, das erstmals in der Entscheidung des Bundesgerichtshofs zur Herausgabe eines zu Zwecken der Fortführung eines Bordellbetriebes verpachteten Grundstücks zutage trat.

Mit Urteil vom 20. Mai 1964 hatte der Bundesgerichtshof über die Anwendung des § 817 Satz 2 BGB bei der Bordellpacht zu entscheiden. Der Verpächter verlangte die Herausgabe des Grundstücks aus § 985 BGB. Im notariell beurkundeten Pachtvertrag war festgehalten, dass der Zweck der Verpachtung die Unterhaltung eines Bordellbetriebs sein sollte. Der Pachtzins sollte dazu 15 % der

---

[224] BGH JZ 1951, S.716, 718

monatlich gehabten Einnahmen betragen. Die auf § 985 BGB gestützte Klage auf sofortige Rückgabe drang durch, weil „Leistung" nur die zeitweilige Gewährung der Nutzung des Grundstücks sei, so dass § 817 Satz 2 BGB nur der vorzeitigen Rückgabe des Grundstücks entgegenstünde. Dieses Ergebnis, so der Bundesgerichtshof, würde jedoch dem Zweck des § 138 BGB zuwiderlaufen, weil insoweit das nichtige Pachtverhältnis legalisiert würde, als der Pächter den Pachtgegenstand für die Pachtdauer zur Verfolgung seines sittenwidrigen Zwecks weiternutzen und darüber hinaus dies auch noch unentgeltlich tun könne, da einer Pachtzinsklage des Verpächters die Nichtigkeit des Pachtvertrages entgegenstünde. Im Widerstreit zwischen der rechtspolitisch problematischen und in ihrem Anwendungsbereich umstrittenen Vorschrift des § 817 Satz 2 BGB und der Generalklausel des § 138 BGB gebühre der letzteren der Vorrang[225].

Zur Lösung des Problems bieten sich mehrere Möglichkeiten an. Begreift man § 817 Satz 2 BGB als allgemeine Rechtsschutzversagung[226], die alle Ansprüche ausschließt, zu deren Begründung sich der Gläubiger auf eigenes gesetzes- oder sittenwidriges Verhalten berufen muss, scheitert die Herausgabeklage des Verpächters an § 817 Satz 2 BGB mit der Folge, dass der Pächter das Bordell für die vertraglich vereinbarte Zeit und mit höherem Gewinn betreiben kann, was mit dem herrschenden Moralempfinden unvereinbar ist, soweit man die Bordellpacht noch als sittenwidrig begreift.

Die entgegengesetzte Auffassung[227] schließt die Anwendung des § 817 Satz 2 BGB auf andere als Bereicherungsansprüche wegen seiner unklaren ratio aus, so dass insoweit die Herausgabeklage des Eigentümers einer auf gesetzes- oder sittenwidriger Grundlage erbrachten Leistung nie ausgeschlossen ist. Das führt freilich zu dem Wertungswiderspruch, dass die nur dem deutschen Recht eigentümliche Trennung zwischen Verpflichtungs- und Verfügungsgeschäft zu einer uneinheitlichen und widersprüchlichen Anwendung des § 817 Satz 2 auf die Fälle der Leistungskondiktion führt.

Sachgerechter ist es, vermittelnd die Vindikation den gleichen Regeln zu unterwerfen wie die Anwendung des
§ 817 Satz 2 BGB auf einen ausschließlich bereicherungsrechtlichen Sachverhalt. Das würde bedeuten, die Vindikation im Fall des Gesetzesverstoßes vom Normzweck des Verbotsgesetzes abhängig zu machen und für den Fall des Sit-

---

[225] BGHZ 41, 341, 344
[226] *Baur/Stürner* § 5 IV 3 a; *Flume* § 18, 10; stark einschränkend auch *Larenz/Canaris* II 2 § 68 3 a; *Esser/Weyers* § 49 IV 2
[227] MünchKomm-*Lieb* § 817 Rdnr. 25

tenverstoßes danach zu fragen, ob durch den Ausschluss der Vindikation ein die Interessen der Allgemeinheit berührender sittenwidriger Zustand perpetuiert wird oder nicht[228].

Ist so die Anwendung des § 817 Satz 2 BGB auf den Herausgabeanspruch aus § 985 (986) BGB ausgeschlossen, sollte diese Wertung konsequent auf alle Anspruche aus dem Eigentümer-Besitzer-Verhältnis übertragen werden. Im Fall der Bordellpacht führt die ständige Rechtsprechung, die § 817 Satz 2 auf andere als Bereicherungsansprüche nicht anwendet, dazu, dass Nutzungsersatzansprüche des Verpächters in Höhe des objektiven Ertragswertes des Pachtobjekts bestehen, der Pächter im Gegenzug Ersatz seiner auf die Sache gemachten notwendigen Verwendungen verlangen kann und das, obwohl solche Verwendungen auch und gerade dem Zweck dienen können, den sittenwidrigen Zweck zu verwirklichen[229]. Im Fall des Darlehenswuchers dagegen geht der Darlehensgeber leer aus, zum einen, weil der ganze Vertrag nach §§ 138 Abs. 1 oder 2, 139 BGB nichtig ist, und zum anderen deshalb, weil der Darlehensnehmer mit Übergabe der Darlehenssumme Eigentümer derselben geworden ist. Im Fall des Mietwuchers wird die Frage der Anwendbarkeit auch der Regeln über das Eigentümer-Besitzer-Verhältnis dadurch umgangen, dass immer nur ein Verstoß gegen § 134 2. Halbsatz BGB befürwortet wird, der zu einer Aufrechterhaltung des Vertrages für den gerade noch zulässigen Teil der Mietzinsabrede führt.

Derart schwankende Entscheidungen würden vermieden, wenn zur einheitlichen Grundlage für die Anwendung des § 817 Satz 2 BGB Sinn und Zweck der Verbotsvorschrift oder die Frage der Perpetuierung eines rechtswidrigen Zustands durch die Rechtsordnung gemacht würden.

VI. Zusammenfassung

Das Interesse an einer funktionierenden und in sich widerspruchsfreien Rechtsordnung kann auf Gesichtspunkte der Gerechtigkeit nicht verzichten. Dieses Interesse soll hier als Rechtsbewährungsinteresse gekennzeichnet sein. Ein so verstandenes Rechtsbewährungsinteresse würde zu sich selbst in Widerspruch treten, wenn es bei zwei gleich verwerflich Handelnden eine Ungleichbehandlung herbeiführt, indem der Empfänger der Vorleistung den in nichts begründeten Vermögensvorteil behalten dürfte. Eine solche Ungleichbehandlung kann vom

---

[228] Wie hier Staudinger-*Lorenz* § 817 Rdnr.14; *Fikentscher* § 99 I 6 Rdnr. 1114

[229] Siehe dazu *Canaris*, FS Steindorff, S.528, der eine Anwendung des § 817 Satz 2 BGB auch auf die §§ 994 ff. BGB ablehnt, weil Verwendungen keine Gegenleistung für die sittenwidrige Leistung des anderen Teils – hier die Verpachtung eines Bordells – darstellen.

Recht auch im Unrecht nur in Kauf genommen werden, wenn besondere Umstände vorliegen, die sie rechtfertigen.

In Betracht kommt daher, den Rückforderungsausschluss gemäß § 817 Satz 2 BGB entsprechend der hier zu § 817 Satz 1 BGB vertretenen Auffassung auf die Fälle zu beschränken, in denen dem Leistenden durch die Leistung im Verhältnis zum anderen Teil ein zusätzlicher und alleiniger Sittenverstoß zur Last fällt. § 817 Satz 1 und 2 BGB wären damit spiegelbildlich zu § 826 BGB die Entsprechungen auf bereicherungsrechtlicher Ebene entweder auf Empfänger- oder Geberseite.

Das Interesse an einer funktionierenden und in sich widerspruchsfreien Rechtsordnung gebietet es, die Rückabwicklung gesetzeswidriger Verträge generell vom Verbotszweck des Gesetzes abhängig zu machen, gegen das verstoßen wurde. Ein solcher unmittelbar an den Normzweck des verletzten Verbotsgesetzes anknüpfender Ansatz entspricht der Rechtslage zur Frage, wann Rechtsgeschäfte nach § 134 BGB oder § 138 BGB wegen Verstoßes gegen ein gesetzliches Verbot nichtig sind. § 817 Satz 2 BGB liegen auf der bereicherungsrechtlichen Ebene keine eigenständigen Wertungen zugrunde, die unabhängig von dem mit dem gesetzlichen Verbot intendierten Interesse des Gesetzgebers bestehen. Die Anknüpfung an den Normzweck des Verbotsgesetzes, gegen das verstoßen wurde, liefert einen einheitlichen dogmatischen Ansatzpunkt und trägt dem Interesses des Gesetzgebers an der Rückabwicklung gesetzeswidriger Geschäfte auch auf der Ebene der Rückabwicklung am ehesten Rechnung.

Literaturverzeichnis

Baumbach, Adolf/*Hueck*, Alfred: GmbH-Gesetz, 17. Aufl., München 2000

Baur, Jürgen F./ *Stürner*, Rolf: Sachenrecht, 17. Aufl., München 1999

Bufe, Peter: § 817 Satz 2 BGB, AcP 157 (1958/59), S. 215 ff.

v. Caemmerer, Ernst: Preisverstöße und § 817 Satz 2 BGB, SJZ 1950, S. 646 ff.

Canaris, Claus-Wilhelm: Gesetzliches Verbot und Rechtsgeschäft, Heidelberg 1983
- Gesamtunwirksamkeit und Teilgültigkeit rechtsgeschäftlicher Regelungen, Festschrift für Ernst Steindorff, Berlin 1990, S. 519 ff.

Cosack, Konrad: Lehrbuch des Deutschen bürgerlichen Rechts, 1. Band, 3. Aufl., Jena 1900

Das Bürgerliche Gesetzbuch: mit besonderer Berücksichtigung der Rechtsprechung des Reichsgerichts und des Bundesgerichtshofs, Bd. 2, Teil 5 (§§ 812-831), 12. Aufl., Berlin 1989

Dauner, Barbara: Der Kondiktionsausschluß gemäß § 817 Satz 2 BGB – Aktuelle Tendenzen im Bereich der Rückabwicklung sittenwidriger oder verbotener Geschäfte, JZ 1980, S. 495 ff.

Ebert, Udo: Strafrecht Allgemeiner Teil, 3. Aufl., Heidelberg 2003

Emmerich, Volker: BGB-Schuldrecht, Besonderer Teil, 9. Aufl., Heidelberg 1999
(zit.: SchuldRBT)

Ehmann, Horst: Zur Causa-Lehre, JZ 2003, S. 702 ff.

Enneccerus, Ludwig/*Lehmann*, Heinrich: Lehrbuch des Bürgerlichen Rechts, Recht der Schuldverhältnisse, 15. Aufl., Tübingen 1958

Enneccerus, Ludwig/*Nipperdey*, Hans-Carl: Allgemeiner Teil des Bürgerlichen Rechts, 15. Aufl. Band 1/2, Tübingen 1960

Esser, Josef/ *Weyers*, Hans-Leo: Schuldrecht, Band II, Besonderer Teil, Teilband 2 (Gesetzliche Schuldverhältnisse), 8. Aufl., Heidelberg 2000

Erman/Westermann, Harm Peter: Handkommentar zum Bürgerlichen Gesetzbuch, Band I (§§ 1-853), 10. Aufl., Münster 2000

Fabricius, Fritz: Einschränkung der Anwendung des § 817 Satz 2 BGB durch den Zweck des Verbotsgesetzes ?, JZ 1963, S. 85 ff.

Fikentscher, Wolfgang: Schuldrecht, 9. Aufl., Berlin, New York 1997

Flume, Werner: Allgemeiner Teil des Bürgerlichen Rechts, Das Rechtsgeschäft, 2. Aufl., Berlin 1975

Franke, Bernd: Neudrucke privatrechtlicher Kodifikationen und Entwürfe des 19. Jahrhunderts, Band 2, Dresdener Entwurf eines Allgemeinen Deutschen Gesetzes über Schuldverhältnisse von 1866, Aalen 1973

- Band 3, Entwurf eines bürgerlichen Gesetzbuchs für das Königreich Bayern von 1861-1864 mit Motiven

v. Gierke, Otto: Der Entwurf eines Bürgerlichen Gesetzbuchs und das deutsche Recht, Leipzig 1889

Großkommentar zum Aktiengesetz, 4. Aufl., Berlin 2001

Habersack, Matthias: Examens-Repetitorium Sachenrecht, 3. Aufl., Heidelberg 2003

Hadding, Walther: Schuldverhältnis, Forderung, rechtlicher Grund, Festschrift für Karl Kroeschell, München 1997, S. 293 ff.

Heck, Philipp.: Die Ausdehnung des § 817 S.2 BGB auf alle Bereicherungsansprüche, AcP 124 (1925), S. 1 ff.

Honsell, Heinrich: Die Rückabwicklung verbotener oder sittenwidriger Verträge, München 1974 (zit.: *Honsell*, 1974)
- § 817 Satz 2 BGB – eine Drehkrankheit des „Rechtsempfindens" ?, Festschrift für Hans Hermann Seiler, Heidelberg 1999, S. 473 ff.

Hospach, Frank: Rückabwicklung gescheiteter Titelkäufe, NJW 1996, S. 643 ff.

Hüffer, Uwe: Aktiengesetz, 5. Aufl., München 2002

Jakobs, Horst-Heinrich/*Schubert*, Werner: Die Beratung des Bürgerlichen Gesetzbuchs in systematischer Zusammenstellung der unveröffentlichten Quellen, Recht der Schuldverhältnisse III, §§ 652 bis 853, Berlin, New York 1983

Jung, Erich: Bürgerliches Recht, Die Bereicherungsansprüche und der Mangel des rechtlichen Grundes, Leipzig 1902

Koch, D.F.: Allgemeines Landrecht für die Preußischen Staaten mit Kommentar in Anmerkungen, 8. Aufl., Berlin und Leipzig 1886

König, Detlef: Empfiehlt es sich, das Bereicherungsrecht im Hinblick auf seine Weiterentwicklung in Rechtsprechung und Lehre durch den Gesetzgeber neu zu ordnen ?, Gutachten und Vorschläge zur Überarbeitung des Schuldrechts, herausgegeben vom Bundesminister der Justiz, Band II, Köln 1981
(zit.: *König*, Gutachten und Vorschläge)
Ungerechtfertigte Bereicherung. Grundlagen, Tendenzen, Perspektiven. Symposium der Juristischen Fakultät der Universität Heidelberg zum Gedenken an Prof. Dr. iur. Detlef König, Heidelberg 1984

Koppensteiner, Hans-Georg/*Kramer*, Ernst A.: Ungerechtfertigte Bereicherung, 2. Aufl., Berlin 1988

Kramer, Rainer: Der Verstoß gegen ein gesetzliches Verbot und die Nichtigkeit von Rechtsgeschäften (§ 134 BGB), Diss., Mainz 1976

Kupisch, Berthold: Zum Rechtsgrund i.S. des § 812 BGB bei Erfüllung, NJW 1985, S. 2370 ff.

Lachner, Constantin Maximilian: DIE CONDICTIO OB REM –Ein Beitrag zu Grundlagen und Anwendungsbereich des § 812 I 2 2.Alt. BGB, Frankfurt 1996

Larenz, Karl: Lehrbuch des Schuldrechts, Band II: Besonderer Teil, 12. Aufl., München 1981 (zit.: SchuldR II)
- Allgemeiner Teil, 8. Aufl., München 1997

Larenz, Karl/ *Canaris*, Claus-Wilhelm: Lehrbuch des Schuldrechts, Band II: Besonderer Teil, 2. Halbband, 13. Aufl., München 1993

Leonhard, Franz: Besonderes Schuldrecht des BGB, München und Leipzig 1931

Mazza, Francesca: Kausale Schuldverträge: Rechtsgrund und Kondizierbarkeit, Diss., Heidelberg, Tübingen 2002

Medicus, Dieter: Bürgerliches Recht, 19. Aufl., Köln, Berlin, Bonn, München 2002
-Schuldrecht II, Besonderer Teil, 11. Aufl., München 2003
-Vergütungspflicht des Bewucherten?, Gedächtnisschrift für Rolf Dietz, München 1973, S. 61 ff.

Motive zu dem Entwurfe eines Bürgerlichen Gesetzbuches für das Deutsche Bd.II, Recht der Schuldverhältnisse, Berlin, Leipzig 1888.

Münchener Kommentar zum Bürgerlichen Gesetzbuch, Band 3, 2. Halbband, Schuldrecht: Besonderer Teil III, (§§ 705-853), 3. Aufl., München 1997
(zit.: MünchKomm-Bearbeiter)

Mugdan, B.: Die gesamtem Materialien zum Bürgerlichen Gesetzbuch, Bd.II, Recht der Schuldverhältnisse, Berlin 1899.

Niederländer, Hubert: Nemo turpitudinem suam allegans auditur, Festschrift Gutzwiller München 1959, S. 621 ff.

Palandt, Otto: Bürgerliches Gesetzbuch, 62. Aufl., München 2003
(zit.: Palandt-Sprau)

Planck/Landois: Kommentar zum Bürgerlichen Gesetzbuch nebst Einführungsgesetz, Band II.; 2. Hälfte: Einzelne Schuldverhältnisse (Besonderer Teil), 4. Aufl., Berlin, Leipzig 1928

Reeb, Hartmut: Grundprobleme des Bereicherungsrechts, München 1975

Reuter, Dieter/*Martinek*, Michael, Ungerechtfertigte Bereicherung, Handbuch des Schuldrechts, Tübingen 1983

Scheel, Johannes: Die Entwicklung des Rechtsgrundbegriffs bei den Leistungskondiktionen, Diss., Kiel 1988

Schlechtriem, Peter: Restitution und Bereicherungsausgleich in Europa, Band 1, Tübingen 2000

Seiler, Hans- Hermann: § 817 Satz 2 BGB und das römische Recht, Festschrift für Wilhelm Felgenträger, Göttingen 1969, S. 379 ff.

Siber, Heinrich: Grundriß des Deutschen Bürgerlichen Rechts, Band 2, Schuldrecht, Leipzig 1931

Soergel, Theodor: Kommentar zum Bürgerlichen Gesetzbuch, Band 2, Allgemeiner Teil 2 (§§ 104-240), 13. Aufl., 1999; Band 4, Schuldrecht III (§§ 705- 853), 12. Aufl., Stuttgart, Berlin, Köln, Mainz 1985 (zit.: Soergel-Bearbeiter)

Sonnenschein, Jürgen: Schwarzarbeit, JZ 1976, S. 497 ff.

v. Staudinger, Julius: Kommentar zum Bürgerlichen Gesetzbuch, Band 2, Recht der Schuldverhältnisse, §§ 812 bis 822, 14. Bearbeitung, Stuttgart, Berlin; Köln 1999 (zit.: Staudinger-Lorenz)

Tiedtke, Klaus: Baubetreuung und Schwarzarbeit, NJW 1983, S. 713 ff.

Weber, Hansjörg: Zur Lehre von der fehlerhaften Gesellschaft, Berlin 1977

Weiler, Frank: Gekaufte Doktortitel - Rückabwicklung nach Geschäftsführung ohne Auftrag oder Bereicherungsrecht ?, NJW 1997, S. 1053 ff.

Westermann, Harm Peter: Die Bewährung des § 817 Satz 2 BGB, Festschrift für Karlheinz Quack, Berlin 1991, S. 485 ff.

Weyer, Hartmut: Leistungskondiktion und Normzweck, WM 2002, S. 627 ff.

Wilburg, Walther: Entwicklung eines beweglichen Systems im Bürgerlichen Recht, Rektoratsrede 1950, Graz 1951

Wittig, Jan: Das abstrakte Verpflichtungsgeschäft, Köln 1996

Wolf, Ernst: Lehrbuch des Schuldrechts, Zweiter Band: Besonderer Teil, Köln, Berlin, Bonn, München 1978

Kevin Kruse

Rechtstreue und Lauterer Wettbewerb

Das Verhältnis von Rechtswidrigkeit und Sittenwidrigkeit im Deutschen Wettbewerbsrecht

Frankfurt am Main, Berlin, Bern, Bruxelles, New York, Oxford, Wien, 2003. 161 S.
Europäische Hochschulschriften: Reihe 2, Rechtswissenschaft. Bd. 3809
ISBN 3-631-51339-9 · br. € 34.–*

Unter welchen Voraussetzungen kann der Verstoß eines Unternehmers gegen eine beliebige Vorschrift Gegenstand einer Wettbewerbsklage sein? Rechtsprechung und Literatur behandeln diese Frage im Zusammenhang mit der zu § 1 UWG entwickelten Fallgruppe Rechtsbruch. Ziel dieser Arbeit ist es, vor dem Hintergrund jüngerer Entwicklungen in Gesetzgebung und Rechtsprechung die Grenze zwischen bloßer Rechtswidrigkeit und wettbewerbsrechtlicher Sittenwidrigkeit zu lokalisieren. Ausgehend von einer umfassenden Rechtsprechungs- und Literaturkritik werden die relevanten Problemfelder beschrieben, um daran anschließend einen Lösungsansatz zu präsentieren. Die entscheidende Rolle spielt dabei die seit langem bekannte Vorsprungsargumentation, auf deren Grundlage nahezu alle Fallkonstellationen wettbewerbsrechtlich behandelt werden können.

Aus dem Inhalt: Die Behandlung außerwettbewerbsrechtlicher Rechtsverstöße im Lauterkeitsrecht · Der endgültige Abschied von der Unterscheidung werthaltiger und wertneutraler Vorschriften · Kritik an der Übertragung der Normzwecktheorie auf § 1 UWG · Kriterien zur Anwendung der Vorsprungsargumentation

Frankfurt am Main · Berlin · Bern · Bruxelles · New York · Oxford · Wien
Auslieferung: Verlag Peter Lang AG
Moosstr. 1, CH-2542 Pieterlen
Telefax 00 41 (0) 32 / 376 17 27

*inklusive der in Deutschland gültigen Mehrwertsteuer
Preisänderungen vorbehalten

Homepage http://www.peterlang.de